인생의 짧음에 관하여

인생의 짧음에 관하여

LIFE IS SHORT

딘 리클스 지음

허윤정 옮김

인생의 짧음에 관하여

발행일
2024년 6월 15일 초판 1쇄

지은이 | 딘 리클스
옮긴이 | 허윤정
펴낸이 | 정무영, 정상준
펴낸곳 | (주)을유문화사
창립일 | 1945년 12월 1일
주소 | 서울특별시 마포구 서교동 469-48
전화 | 02-733-8153
팩스 | 02-732-9154
홈페이지 | www.eulyoo.co.kr

ISBN 978-89-324-7519-6 03100

라 벨진케에게

"정 그렇다면야 할 수 없지. 하지만 난 젊은이한테 일어날 일을 시시콜콜 다 알고 있어."

마녀 할멈은 어린 나이치고는 보기 드물게 똑똑한 개라며 도미니크에게 몇 가지만 귀띔해 주겠다고 말했습니다.

"그래, 이 정도 말해 주는 건 괜찮겠지. 저기 저 오른쪽 길로 가면 아무것도 없어. 신기한 일도, 모험도, 놀랄 일도, 발견할 것도, 감탄할 일도 없지. 심지어 주변 경치마저 따분할 걸세. 결국 자네는 얼마 안 가 자기 안으로만 깊숙이 파고들게 될 거야. 벌건 대낮에도 헛한 꿈이나 꾸고, 꼬리나 흔들고, 멍하고 게을러져서 자기가 어디 있는지도, 무엇을 하려고 했는지도 다 잊어버리고는 긴 시간 동안 늘어지게 잠만 자면서 지독히 따분해할 걸세. 그뿐인 줄 아나? 얼마쯤 가다 보면 길이 막혀서 그 지루한 길을 고스란히 되돌아와야 한다네. 지금 우리가 서 있는 이곳까지 말이야. 당장은 아니지만 결국은 한심하게 시간만 낭비한 꼴이 되는 거야."

윌리엄 스타이그, 『도미니크』[1]

일러두기

* 본문의 원주(참고 문헌 및 참고 자료)는 숫자로 표기하고 모두 미주로
  하였고, 내용 이해를 돕기 위해 옮긴이와 편집자가 추가한 주석은 동그
  라미(●)로 표기하고 본문 하단에 달았다.
* 도서는 『 』로 표기했고, 국내에 번역되지 않은 경우만 원어를 병기했다.
* 인명과 지명은 국립국어원 외래어 표기법을 따랐으나, 일부 굳어진 명
  칭은 그대로 사용했다.

서문

절제. 무제한의 가능성은 인간에게 적합하지 않다.
그런 가능성이 존재하면 인간의 삶은 무한함 속에서
사라질 뿐이다.

_『주역』 60번째 괘[1]

『주역』에서는 우리가 제한이 없는 무한함 속으로 사라진
다고 말한다. 나는 이 책을 코로나19 팬데믹 직전에 구
상했고 감염병이 세계적으로 대유행하는 동안 썼다. 코
로나19 사태로 우리는 모든 면에서 제약을 받았다. 지금
나는 주州 전체가 봉쇄된 상황에 바로 이 문장을 쓰고 있
다. 감옥에 갇힌 사람처럼 날마다 한 시간 정도 바깥에서
산책하고 꼭 필요한 물품을 사러 가는 일 말고 다른 활동
은 할 수 없다.

　코로나19 팬데믹은 많은 이들의 분주한 일상을 멈춘

보기 드문 계기였다. 세상 자체가 중년의 위기를 겪는 듯했다. 우리는 현재의 질서를 모두 포기하고 제정신을 유지하기 위해 새로운 질서를 만들어야 했다. 어떤 이들은 남들보다 잘 대처했다. 삶이 거의 변하지 않은 이들이 있는가 하면, 삶이 송두리째 뒤집힌 이들도 있었다. 어떤 사람들은 일만 하고 놀지 않는 예전의 삶이 별로 좋지 않았다는 걸 깨닫고는 옛날 방식으로 돌아가길 꺼린다. 코로나에 걸려 죽을까 봐 너무 무서운 나머지 삶과 그에 따른 위험을 차단하려고 사실상 스스로 담을 쌓는 사람들도 있다. 어떤 경우든 간에 제한과 가능성의 상호 작용이 있을 뿐만 아니라 자유에도 영향을 미친다. 우리는 제약(특히 죽음)이 가능성을 없애 버리므로 자유를 방해한다고 생각한다. 그러나 이 책에서 주장하는 바는 다르다. 역설적이게도 제한은 자유를 낳는다.

　나는 위의 『주역』(60번째 괘) 구절을 이런 의미로 받아들인다. 제약이 없고, 제한이 없고, 경계나 장벽이 없으면, 가령 삶이 컴퓨터 게임처럼 '재설정'되어 자동 저장이 된다면 인간의 행동에 아무런 **의미**가 없을 거라고 말이다. 그러면 결과도 없다. 규칙과 결과가 없는 게임이라니, 얼마나 지루할까? 그건 게임이 아니다. 인생이라는 게임에는 경계가 있어야 한다. 그리고 그게 좋은 일이기도 하다. 무제한의 가능성이 없어서, 즉 짧은 인생 탓에 우리가 압박을 받는 듯 보이지만 제한이 없는 존재는 다른 식으로 압박을 받는다. 우리가 즐기는 의미 있는 삶을 누릴 방도가 아예 없는 것이다. 그것은 규칙이 없는 게임처럼 지겨운 삶이며, 그런 삶에서는 무엇에 맞서서 행동할 일도 없고 무엇을 **위해서** 행동할 일도 없다.

자유로운 주체가 된다는 것은 곧 결과를 직시하는 존재가 되는 것이다. 주체가 되려면 유한한 표본에서 선택과 결정을 **해야** 한다. 그것은 어떤 가능성을 위해 다른 가능성을 버리는 일이다. 미래를 가지치기하는 행위라 할 수 있다. 가지들이 죽게 내버려두거나 가지들을 적극적으로 쳐 내서 죽이는 일이다. 하지만 주체란 바로 그런 가지치기 행위 덕에 의미 있는 삶을 살 수 있는 존재다. 의미 있는 좋은 삶은 의식이 있는 **본래적** 삶이다. 그런 삶에서는 행동과 목표가 일치하고, 가지치기를 할 때 가지를 마구잡이로 부러뜨리거나 남에게 맡기기보다는 목적을 갖고 행한다. 의미 있게 살려면 죽음이 필요하다. 그것은 버려진 가지(실현하는 것을 위해 잃은 가능성)의 죽음이자 최종적으로 자기의 죽음이다.

죽음은 가장 필요한 제한이다. 죽음이 없다면 우리가 계획하고 추진하는 모든 일의 가치가 떨어진다. 죽음이야말로 선택과 결정의 원천이기에 의미의 원천이다. 무제한의 시간은 모든 가능한 결과가 어느 시점에 일어날 수 있음을 의미하므로 선택은 일관성 있는 개념조차 되지 못할 것이다. 그저 **무한함 속으로 사라질** 것이다. (흥미롭게도 양자 역학의 이른바 다세계 해석many-worlds interpretation을 비판하는 사람들도 비슷한 문제를 제기한다. 개략적으로 말하면, 모든 '선택'은 실제로 모든 가능한 결과를 수반하며 개인은 많은 '가지' 중 하나의 제한만 받는데, 선택에 따른 모든 가능한 결과를 포함하는 세계가 전부 실현된다면 현실화라는 측면에서 가능성이나 발생이라는 개념은 무의미해 보인다는 것이다.) 죽음과 짧은 인생은 자연스레 이 책의 대부분을 차지하는 문제다. 사실 이 책은 세네카의 『인생의 짧음에 관하여』²라는 고전에서 제기한 주제들을 재검토한 것이라고 볼 수 있다. 그리고 실제로도 세네카가 품은 오랜 관심사 중 상당수가 여전히 현재성을 띠고서 이 책이 다루는 모든 주제 속으로 밀고 들어온다는 것을 알 수 있다.

이 책에서 죽음은 처음부터 명백히 옳은 것으로 여겨지고, 그 전제 아래 우리는 세네카의 생각을 전개하고 죽음이 우리와 상관없다는 고대 에피쿠로스학파의 입장을 일축한다. 더 나아가서는 영생불멸의 개념과 더불어 미래에 찾아올 죽음의 경계를 없앤다는 생각을 살펴보고, 그것이 인생의 의미라는 관점에서 암시하는 바를 중점적으로 고찰한다. 아울러 그 내용을 **집단적** 후생afterlife의 관점에서 고려해 보고 우리가 죽은 뒤에도 다른 사람들이 계속 남아 수행하는 역할이 있다면 그 관점에서도 생각해 본다. 이어서 다른 세네카 사상을 '시간 병disease of time'이라는 개념에 끼워 넣어 고찰한다. 시간 병은 미래에 대한 형편없는 의사 결정(우리가 죽지 않고 영원히 살 것처럼 저지르는 행위)과 관련이 있다. 이런 행위를 이해하기 위해 내가 제안하는 방법을 살펴보고, 미래를 우리의 의지가 적용될 일종의 조각물로 여겨서 시간 병을 치유하는 방법을 숙고해 본다. 하지만 이런 생각은 두 가지 상반된 태도 사이에서 균형을 잡으려는 행위의 필요성에서 비롯된 문제에 직면한다. 시간적 요소를 띤 두 가지 태도란 현재 중심과 미래 중심, 즉 **소년**Puer 대 **노인**Senex인데, 그런 상반된 태도로 말미암아 미래라는 조각물이 뜻하지 않게 문제로 나타나면서 조각가가 될 사람들에게 골칫거리를 안기는 것이다. 우리는 이런 생각의 틀을 토대로 더 나아가 내가 '방탄'이라고 일컫는 문제, 즉 자신의 조각물을 난공불락으로 완벽하게 만들려는 시도를 살펴본다. 그러고는 이 모든 생각과 논의의 가닥을 한데로 모아 그것이 의미 있는 인생이라는 개념으로 어떻게 수렴되는지 보여 주고, 아울러 의미 있는 인생은 태어남과 죽음으로 시작하고 마치는 (상대적으로) 짧은 인생이어야 한다는 삶의 필수 조건을 내세우면서 끝을 맺는다.

책 제목처럼 이 책은 짧다. 시간은 소중하니까. 하지만 당신이 분개하기 전에 미리 말해 두건대, 나는 긴 책에 반대하지 않는다. 어떤 책은 길어야겠지만 이런 주제를 다루는 책이 당신의 짧은 인생에서 너무 많은 시간을 뺏는 건 옳지 않다. 이 작은 투자로 당신이 좀 더 나아지고 좀 더 풍요로운 삶으로 전환할 수 있기를 바란다. 더 의미 있는 인생을 살기를 바란다. 이 책이 삶과 죽음의 문제에 대해 깊으면서도 치열하고 다르게 생각하는 계기가 되기를 희망한다.

감사의 말

이 연구 프로젝트는 실리콘밸리 커뮤니티 재단Silicon Valley Community Foundation의 기부자 조언 기금인 페처 프랭클린 기금Fetzer Franklin Fund과 기초 문제 연구소Foundational Questions Institute의 지원(승인 번호 FQXi-RFP-1817)과 존 템플턴 재단John Templeton Foundation의 지원(승인 ID# 62106)을 받았다. 이 출판물에 나오는 의견은 저자의 생각이며 존 템플턴 재단이나 기초 문제 연구소, 페처 프랭클린 기금의 견해가 꼭 반영되지는 않았다. 이 프로젝트는 호주 연구 위원회 디스커버리 프로젝트 보조금Australian Research Council

Discovery Project Grant(승인 번호 DP210100919)도 받았다. 프린스턴대학교 출판부 편집자인 롭 템피오에게 감사한다. 그는 책 첫머리에 실은 윌리엄 스타이그의 동화에서 따온 완벽한 구절을 비롯해 본문에 나오는 몇 예문과 현명한 조언을 건넸을 뿐 아니라 이 프로젝트에 믿음을 보여 주었다.

이 책을 쓰던 후반에 내가 보인 짜증과 주의 산만을 잘 참아 준 딸 가이아 그리고 사랑과 인내로 늘 함께해 준 아내 미라에게 고마운 마음을 전한다.

2021년 11월

뉴사우스웨일스 베리마에서

딘 피터 리클스

1장
다시 보는 인생의 유한함

파울리누스, 뭇 사람들은 얄궂은 자연의 섭리에 불평을
늘어놓습니다. 우리가 짧은 수명을 타고난 데다, 우리에게
주어진 이 시간이 너무나 빠르게 쏜살같이 지나가
버린다는 이유로 말이죠. 그리하여 극소수의 사람을
제외하면 대부분이 인생을 준비하다가 인생이 끝나
버립니다.

_세네카, 『인생의 짧음에 관하여』의 첫머리[1]

루키우스 안나에우스 세네카Lucius Annaeus Seneca(기원전 4년
경~서기 65년, 소小 세네카)는 『인생의 짧음에 관하여』라는
훌륭하면서도 적당히 짧은 책을 썼다. 지금 당신이 손에
잡은 이 책에서 나는 사실상 최초의 자기 계발서[2]로 볼
수 있는 그 고전을 어느 정도 업데이트하여 전달하고자
한다.

세네카는 훗날 로마 황제가 된 어린 네로의 스승이었

다. 사실 세네카는 네로 살해 음모(이른바 피소Piso의 황제 암살 공모)에 대한 심문을 받지 않으려고 자결했다. 상당히 섬뜩한 죽음이었다. 처음에 손목과 다리를 칼로 그었는데 출혈이 제대로 일어나지 않아 실패했다. 그다음에는 독미나리로 만든 독약을 마셨으나 그때는 이미 혈액순환이 느려져 있어서 역시 실패했다. 그래서 혈액 순환을 촉진하기 위해 따뜻한 물이 든 욕조로 옮겨졌다.[3] 권력자들과 이리저리 얽혀 있던 세네카는 여러 다른 음모에도 휘말렸다. 한 예로 '미친 황제' 칼리굴라*의 여동생과 동침했다는 혐의로 추방당하기도 했다(세네카에 대한 소문을 고려하면 아마도 칼리굴라가 질투를 느꼈던 것 같다!).

『인생의 짧음에 관하여』는 서기 55년경에 쓰였다. 지금도 그렇지만 당시에도 유명 인사가 음모에 휘말리는 일이 흔하다 보니 그런 경험이 아마도 세네카가 그 책을 쓰는 데 한몫한 듯하다. 그 책은 장인 파울리누스Paulinus에게 띄우는 편지 형식으로 되어 있는데, 로마의 곡물 공급 관리를 책임지는 장관이던 장인을 은퇴시키기 위해

---

* Caligula. 로마의 정치가이자 군인인 카이사르가 어렸을 때 얻은 별명으로 '작은 군화'라는 뜻이다.

씌었다고 알려졌다. 하지만 네로의 어머니인 아그리피나Agrippina가 측근인 파에니우스 루푸스Faenius Rufus를 발탁하려 했기에 파울리누스는 관직에서 물러나야 할 상황이었다. 따라서『인생의 짧음에 관하여』는 파울리누스가 부끄럽지 않게 퇴장할 수 있도록 체면을 살려 주는 의미가 컸다. 더구나 로마의 고위 공직자 생활을 부정적으로 언급한 내용이 많다 보니 세네카는 그 책으로 어떤 혜택도 얻지 못한 듯하다.

'세네카'는 라틴어로 '노인'을 의미한다. 그의 책 제목을 생각하면 아이러니하지만 적절한 이름이기도 하다. 세네카가 보기에 우리의 시간은 세상에 존재하는 가장 가치 있는 상품, 다시 말해 우주에서 가장 귀한 실체이자 물질적 재화를 초월하는 것이기 때문이다. 그러므로 '시간이 돈'이라는 단순한 논리가 아니다. 시간은 대체할 수 있고 재사용할 수 있는 돈보다 한없이 소중하다. 시간은 특이한 실체인데, 일반적인 의미에서는 어떤 실체도 아닐 것이다. 왜냐하면 볼 수도 없고, 냄새 맡지도 못하고, 들을 수도 없기 때문이다. 우리는 시간을 감지하는 특별한 감각 기관이 없다. 우리는 시간에 따른 과정을 볼 수 있을 뿐이며 때때로 이 과정은 안타깝게도 나이 듦과 관련되어 있다. 한 해 두 해 지나감을 드러내는 천체의 움직임, 똑딱거리는 시계 소리, 한 장 두 장 넘어가는 달력, 한 쪽 두 쪽 채워지는 다이어리 등이 그 예다.

 시간, 아니 좀 더 정확히 말해 시간을 따라가는 우리의 여정에서 슬픈 점은, 당연하게도 일방통행으로 진행되는 일로 보인다는 것이다. 우리는 옛일을 다시 경험할수 없다. 그저 기억에 다가갈 수 있을 뿐이다. 그러므로우리에게는 시간의 소중함이 핵심이다. 모든 사건이 '고유'하며 두 번 다시 반복되지 않는다. 로마의 또 다른 작가이자 에피쿠로스학파 철학자인 루크레티우스Lucretius는 『사물의 본성에 관하여』에서 이렇게 표현했다. "현재는 지금 바로 사라져 버릴지니, 두 번 다시 불러내지 못하리."[4] 경제학에서 말하는 희소성의 원리를 적용하면우리는 시간이 이토록 귀중한 이유를 알 수 있다. 세네카는 시간을 가장 현명하게 이용해야 하며 하찮은 일을 좇느라 이 자원을 조금도 낭비해서는 안 된다고 조언한다.[5] 그러나 실상은 대다수가 그러고 있다. 시간을 헤프게 쓰면서 시간이 부족하다고 투덜댄다. 하지만 이 유감스러운 상황을 두고 자연이나 우주를 야속하다고 생각할 게 아니라 자신을 탓해야 하며 우리가 받은 시간에 오히려 감사해야 한다. 이처럼 세네카는 『인생의 짧음에 관하여』에서 '인생이 짧은 게 아니라 우리가 인생을 크게 낭비하고 있다'는 관점을 옹호했다.[6]

장담하건대, 세네카가 수많은 사람이 페이스북, 인스타그램을 비롯한 소셜 미디어에서 너무 많은 시간을 보내는 모습을 본다면 기절초풍할 것이다! '밀레니엄 세대'나 'Z세대'는 이런 소셜 플랫폼에서 빈둥거리며 자신이 어떻게 '존재'하는지보다 어떻게 보이는지를 더 신경 쓰면서 제대로 생각할 겨를도 없이 인생을 보내고 있다. 이런 현상은 나의 동료 학자들이라고 해서 크게 다르지 않다는 점을 덧붙여야겠다! 나는 심각한 시간 낭비에 대한 세네카의 경악에 공감한다. 그런 이유로 모든 소셜 미디어를 끊고 나서는 기분이 나아졌다. (4장에서 우리가 왜 시간을 낭비하는 경향이 있는지를 논하고, 곧이어 5장에서는 그에 맞서 싸울 수단을 제공해 보려 한다.)

세네카가 살던 시대에는 평균 기대 수명이 40년에 불과했다. 그때는 인생이 정말 짧았다. 오늘날의 서구 선진

국만 놓고 보면 수명이 두 배로 늘어났으나 상대적으로 인생은 여전히 짧다. 그 옛날 짧은 생을 산 사람들의 왕성한 삶을 되돌아보면 평균 수명이 두 배가 된 게 최근 일이라는 생각이 들지 않을 것이다. 세네카의 메시지는 지금도 정곡을 팍팍 찌른다. 그래서 나는 그의 작은 책을 종종 언급하려 한다. 세네카의 뒤를 이어 인생의 짧음에 관하여 산더미처럼 쏟아져 나온 말과 노래가 이 책에 잘 압축되어 있다.

그런데도 세네카에게는 미안한 얘기지만, 인생은 정말이지, 여전히 너무 짧다. 나는 인생이 더 길었으면 좋겠다. 아마 당신도 같은 생각일 것이다. 수명을 늘려 준다는 갖가지 건강 기능 식품이 넘쳐나고 있는 것을 보면 말이다. 하지만 이 책은 수명 연장보다는 세네카의 책과 마찬가지로(애초 동기가 무엇이었든 간에) 우리의 가장 귀중한 자원인 시간을 현명하고 효과적으로 사용하는 문제를 주로 다룬다. 아울러 우리에게 시간이 조금이라도 있다는 사실이 얼마나 놀라운지 인식하면서 시간을 더욱 의식적으로 활용하는 문제도 다룬다. 나는 이 책으로 당신의 시간을 뺏고 싶지 않다. 시간은 우주에서 가장 궁금하면서도 잘 이해되지 않는 요소이며, 만물이 대체 왜 존재하는가 하는 수수께끼에 버금간다(아마도 둘은 깊은 관련이 있을 것이다). 시간이 있기에 나는 이 방에 있는 이 컴퓨터로 돌아와 더 많은 단어를 입력할 수 있다. 이는 물질을 재활용하는 지극히 효율적인 방법이다. 그래서 우주에서 시간의 역할에 대한 나의 견해는, 우리가 시간 자체를 이용해야 한다는 세네카의 조언처럼, **최소한으로 최대 효과를 내는** 효율성의 원리(우주는 최적화를 훌륭하게 실현한다)에 기반을 둔다.

인생은 당연히 시간적 실체다. 우리는 '시간=인생'이라는 간단한 공식이 딱 들어맞는다고 생각하는지도 모른다. 인생은 태어남과 죽음으로 시작과 끝이 표시된다. 하지만 19세기 독일 철학자 헤겔Hegel이 옳게 지적했듯이 태어남은 본질적으로 사형 선고다.

> 유한한 것의 본성은 본질적 존재essential being로서 죽음의 씨앗을 품고 있다는 것이다. 따라서 그 존재가 태어나는 시간은 곧 죽는 시간이다.[7]

마음에도 그 나름의 사건의 지평선*이 있다. 우리의 존재가 시간 범위의 제약을 받는 것처럼 우리의 자원도 이미 제한된 시간 범위 안에서 딱 한 번 쓸 수 있도록 한정되어 있다. 우리의 마음은 현실의 작은 단편만을 대략 몇 밀리초**에서 몇 초 정도까지 지속되는 순간에 포착할 수 있을 뿐이다. 이런 현상이 바로 즉각적인 인식, 다시 말해 위대한 심리학자이자 철학자인 윌리엄 제임스William James가 말한 "겉보기의 현재specious present"다.[8] 우리에게는 이게 현실이다. 그게 **지금**이다. 철학자들은 이 사실에 열광하는데, 그 이유는 현재 경험이라는 작은 창을 통해 과거와 미래, 외부 세계, 타인의 마음을 비롯한 나머지 우주를 추론해야 하기 때문이다. 오스트리아의 음악학자 빅토르 주커칸들Viktor Zuckerkandl은 그런 사실을 이렇게 잘 표현했다.

그 자체로 헤아릴 길 없는 곳으로 사라지며 비존재non-being

---

* event horizon. 어떤 사건이 외부에 있는 관측자에게 영향을 미치지 못하는 경계를 이르는 말. 이 안에서는 중력이 너무 강해 빛조차 빠져나가지 못한다.
** 1초의 1000분의 1

의 두 대양을 갈라놓는 가느다란 선과 같은 현재에서 균형을 잡아야 하니 얼마나 불안정하고 위태로운 상황인가.[9]

실제로 우리가 그 틈바구니에 끼어 있음을 인식하는 두 가지 비존재가 있다. 그 둘은 현재의 경계를 이루는 과거와 미래이자, 앞서 언급했듯이 인생의 경계를 표시하는 시작과 끝을 이루는 태어나기 전과 죽은 후의 비존재(적어도 **우리**가 보기엔 존재하지 않는 것)이기도 하다.

그러나 세네카에 따르면 '시간=인생'이라는 등식은 맞지 않다고 볼 수 있다. 단순히 존재하거나 존속하는 시간은 삶과 똑같지 않다. "(살지 않고) 존재하는 나머지 시간은 인생이 아니라 그냥 시간입니다."[10] 인생을 의미하는 라틴어 비타이vitae에서 그런 차이가 드러난다. 인생에는 활력vital이 있다. 세네카는 이렇게 썼다.

흰머리와 주름살이 있다고 해서 그 사람이 오래 살았다고 볼 까닭이 없습니다. 그는 오래 산 게 아니라 존재했을 뿐이에요. 어떤 사람이 항구를 떠나자마자 사나운 폭풍에 발목이 잡히고 사방팔방에서 불어오는 거센 돌풍 탓에 똑같은 항로를 빙빙 돌기만 했다면 과연 그가 항해를 오래 했다고

말할 수 있을까요? 그는 항해를 오래 한 게 아니라 한참을 이리저리 밀려다녔을 뿐입니다.[11]

우리가 바라는 것은 길든 짧든 분명히 항해다. 실제로 산, 다시 말해 진정으로 **산** 시간을 합산해 보면 막상 인생은 짧을 때가 많다. 하지만 그 이유는 그토록 많은 시간을 살지 않은 채로 보내며 보통 어정쩡한 상태에서 인생이 찾아오기만을 기다리고 있어서다(이 주제는 '예비적 삶'이라는 개념을 생각해 보는 6장에서 다시 살펴볼 것이다). 우리는 인생을 실제로 살아가기보다 현존이라는 작은 창 너머로 별 가치도 없는 내용을 바라보는 쪽을 택한다.

좋은 항해를 하려면 좋은 지도가 필요하다. 세네카는 그런 지도를 주고 싶어 했다. 이를테면 항로를 이탈하지 않는 법, 너무 많은 혼란과 길을 잘못 드는 불상사를 피하는 법이다. 세네카는 **좋은 삶**으로 이끄는 글을 곧잘 쓴 스토아 철학자의 전형이었다. 현대인들은 '스토아주의자'라고 하면 가혹한 운명의 돌팔매와 화살을 침착하고 위엄 있게 견디는 사람을 떠올린다. 얘기가 나온 김에 좀 더 살펴보면, '스토아stoa'라는 말은 건축물 앞면에 기둥이 줄지어 선 회랑을 뜻하는 그리스어에서 유래했으며, 당시 철학자들은 그곳에서 철학적으로 사색하고 논의했다. 스토아학파는 주로 꿋꿋한 인생관이 연상되는 철학자 집단이었지만 그들의 시각은 훨씬 광범위했고 상당히 완성된 세계관을 제시하면서 정치와 물리학의 거리만큼이나 동떨어진 분야들을 두루 다뤘다.

나는 이 책을 스토아 철학서로 만들고 싶지 않다. 스토아 철학은 요즘 유행이 되어 버린 것 같다. 사회 전반에 빠르게 유입한 듯 보이는 불안과 자기애의 만연을 바로잡는 수단이 될 가능성이 대단히 클뿐더러 이른바 독이 되는 남성성의 발작을 독이 되지 않게 고치는 수단도 될 게 틀림없다. 하지만 나는 잠시 다른 철학자로, 오히려 더 유명한 그리스 철학자인 에피쿠로스Epicurus로 전환하려 한다. 에피쿠로스 역시 삶과 죽음의 문제에 관심이 있었다. 인생이 정말 그렇게 짧은지, 인생을 어떻게 채울지 따위의 문제를 논쟁하기보다는 짧은 인생에 대한 불안을 완화하는 데 관심이 더 많았지만 말이다.

죽음 불안death anxiety은 매우 일반적이며, 나는 그 불안감이 아주 많은 편이다.[12] 장 자크 루소Jean-Jacques Rousseau

의 말을 빌리면 이렇다.

> 죽음을 두려움 없이 바라보는 척하는 자는 거짓 시늉을 하
> 고 있다. 모든 인간이 죽음을 두려워하며, 이는 감각이 있는
> 존재의 대법칙이다. 죽음을 두려워하지 않는다면 전 인류가
> 머지않아 멸망할 것이다.[13]

그러나 에피쿠로스는 이런 유명한 말을 남겼다. "죽음
은 우리에게 아무것도 아닙니다." 왜 그럴까? 여기에 간
단한 논거가 있다. "우리가 존재할 때는 죽음이 오지 않
았고, 죽음이 왔을 때는 우리가 존재하지 않으니까요."[14]
죽은 사람은 당연히 고통을 겪지 않을 것이다. 여기서
'죽은 사람'은 모순 어법으로 봐야 할 듯싶다. 사람이 사
람이려면 살아서 활발하게 움직여야 하니 말이다. 죽었
다는 것은 집이 말끔히 정리되어 있다는 의미에서 사람
의 **상태**가 아니다. 하지만 **살아가는 상태**living에서 **죽어 가는
상태**dying, **죽은 상태**dead까지 가는 과정은 어떨까? 여기서
는 사람이 살아 있는 특성을 잃어 간다는 뜻이다. 그런
속성은 우리가 잃고 싶지 않은 것이리라! 일단 잃어버리
면 거기에 신경 쓸 자아도 남아 있지 않으니.

앞서 언급한 에피쿠로스학파 철학자 루크레티우스는 죽음의 공포에 대해 반박하는 더 유명한 논거를 제시했다. 그 주장은 앞서 말한 두 가지 비존재(태어나기 전과 죽은 후) 상태의 대칭에 근거를 두고 있다.

> 우리가 태어나기 전의 시간을 돌아보라. 자연은 거울을 들고서 우리의 사후 미래도 이런 식으로 보여 준다. 거울에 비치는 모습이 매우 섬뜩한가, 아니면 몹시 우울하기라도 한가?[15]

달리 말하면 우리가 태어나기 **전**에 존재하지 않은 것을 걱정하지 말라는 것이며, 거울에 비친 그때의 모습은 죽은 **후**에 발생할 비존재의 모습과 질적으로 다르지 않다는 얘기다. 만약 이성적 존재가 되고자 한다면 이런 대칭적 상황을 반드시 똑같이 대해야 한다. 따라서 과거의 비존재를 걱정하지 않는다면 미래의 비존재도 걱정하지 않아야 한다.

우리는 이런 논쟁을 다각도로 맞닥뜨릴 수 있다. 프랑스 소설가 미셸 우엘베크Michel Houellebecq는 한 인터뷰에서 다른 사람을 고려하면 대칭론은 통하지 않는다고 지적한 적이 있다.[16] 즉, 자신의 죽음을 생각하면 완벽히 통할지 모르겠으나 사랑하는 이의 죽음을 놓고 보면 통하지 않는다는 말이다. 에피쿠로스의 무해론에 대해서도 비슷한 반박을 할 수 있다. 죽음은 죽은 자에게는 해가 되지 않겠지만 남겨진 이들에게는 분명히 해를 끼칠 수 있다고 말이다.

완전히 맞는 얘기지만, 여기서는 이기적으로 우리 자신에게 초점을 다시 맞춰 보자. 참, 이런 자기중심적 시각에 대해서는 나중에 자기애를 논할 때 참회할 테니 지금은 걱정하지 않아도 된다. 그런데 대칭론이 과연 우리에게 도움이 될까? 나는 그렇게 생각하지 않는다. 에피쿠로스주의자의 말대로 죽음을 걱정할 일이 아니라고 하는 것은 우리가 선택해야만 의미가 생겨나는 죽음의 필수 불가결한 역할을 무시하는 처사다. 죽음은 유한한 경계를 제공하기 때문에 의미에 결정적이다. 사실 그게 이 책의 핵심이다. 죽음은 가벼이 넘겨 버릴 문제가 아니다. 오히려 존재에 생기를 불어넣고 효용을 주는 선물로 여겨야 한다.

이런 내용 가운데 많은 부분이 이미 언급한 시간의 기

본적인 특성과 관련되어 있다. 그 특성이란 시간이 한 방향으로 흐르고 그러면서 과거 사건들이 더는 영향을 끼치지 못하도록 차단한다는 것이다. 여기에는 인간에게 중요한 온갖 함의가 있다. 허먼 멜빌Herman Melville은 소설 『화이트 재킷White-Jacket』에 이렇게 썼다. "과거는 죽었고 부활하지 않는다. 그러나 미래는 그런 생명을 부여받아 심지어 우리의 기대 속에서도 살아 있다."[17] 달리 말하면, 시간의 화살은 대칭론의 전제가 틀렸다는 사실을 가리킨다. 이처럼 한쪽은 가능성에 열려 있고 다른 한쪽은 닫혀 있으므로 인간을 기준으로 보면 과거와 미래를 똑같이 대해서는 안 된다. 그런 미래의 가능성에 제약이 없을 때 무슨 일이 일어나는지는 다음 장에서 살펴보겠다.

2장
영원히 살고 싶은 사람이 있을까

"그렇게 오래 살 수밖에 없다니 참 안됐군요."
_레오시 야나체크의 오페라 「마크로풀로스 사건」의 등장인물 비테크[1]

앞의 장에서 죽음 불안이 근본적으로 미래의 가능성(열린 미래) 차단과 관련되어 있다는 생각은 숱한 영생불멸의 환상을 일으킨다. 이를테면 더 많은 경험을 할 수 있다는 기대가 싹트는 것이다. 여기에 일종의 포모*가 어마어마하게 존재한다. 죽음 불안은 최고의 포모다. 영국

---

* FOMO(fear of missing out). 자신만 기회를 놓치거나 소외될 수 있다는 불안감이나 두려움

시인 필립 라킨Philip Larkin의 유명한 시구처럼 실제로 우리는 종교를 죽음 불안을 얼마간 줄여 보려고 "우리가 절대 죽지 않을 것처럼 가장하는" 수단("시대에 뒤떨어진 웅장하고 화려한 음악")으로 여기는지도 모르겠다.[2]

체코의 작가 카렐 차페크Karel Čapek는 「마크로풀로스 사건Věc Makropulos」이라는 제목의 희곡을 썼고, 몇 년 뒤 작곡가 레오시 야나체크Leoš Janáček가 이 극본을 각색해 오페라로 만들었다. 이 장의 첫머리에 등장하는 인용문이 바로 그 오페라 각본에서 나왔다. 이야기의 주인공은 엘리나 마크로풀로스로, 궁정 연금술사인 아버지가 루돌프 2세 황제의 명을 받아 영생의 묘약을 만든다. 300년간 효력이 있는 그 묘약은 연금술 제조법으로 더 만들 수 있었고 300년마다 새로이 복용해야 수명을 무한정 늘릴 수 있었다. 그 묘약의 시험 대상이 되었던 엘리나는 342세에 이르러 약효가 떨어지자 종국에는 죽음을 맞이하기로 결심하는데, 그 이유는 의미와 목적을 위해 인간 가능성의 절대적 한계인 죽음 또한 존재해야만 한다는 것이었다. 그래서 세네카가 제기한 주제로 다시 돌아가면, 주인공이 내린 결론은 인생이 그리 짧지 않다는 것이다. 말하자면 삶을 의미 있게 유지하는 데 필요한 정도의 기간은 된다는 얘기다.

그러나 342년이 내게는 부질없이 짧은 시간으로 보인다는 사실을 인정해야겠다. 개인적으로 소장한 책조차다 읽지 못할 테고 모든 언어와 악기, 수학, 재미난 기술(외발자전거 타기, 아주 많은 공으로 저글링 하기, 루빅큐브를빠른 속도로 맞추기 등)을 비롯해 내가 하고 싶은 것들을그새 통달할 수 있을지 의문이다. 하지만 우리의 성격은물론이고 자기 몰입 수준과도 맞물려 각자 삶에서 '뛰어내리고' 싶은 시점에는 틀림없이 큰 차이가 있을 것이다.실제로 개개인에게 얼마나 오래 살고 싶은지와 그 시간으로 무엇을 하려는지 물어보면 그 사람의 성격을 많이알 수 있다고 생각한다.

철학자 버나드 윌리엄스Bernard Williams 경은 이 이야기를 「마크로풀로스 사건: 영생불멸의 지루함에 관한 고찰」[3]이라는 논문에서 아주 효과적으로 활용했다. 하지만내가 보기에 지루함이라는 측면에 초점을 맞추는 것은잘못되었지 않나 싶다. 실제로도 한계 효용 체감으로 고통받지 않는 듯 보이는 실체가 수두룩하다는 반응이 많았다. 그 예로 사랑이 당장 머릿속에 떠오른다. 아니면 좀 더 구체적인 예로 마약 중독자는 마약에 물리지 않는 듯하다. 물론 매번 같은 상태에 도달하려면 그 양과 횟수가 점점 늘어나니 그런 의미에서는 효과가 줄어든다고 볼 수도 있지만. 윌리엄스는 욕망의 범위를, 착수着手할 곳이 많으면서도 한정된 체스판 같은 것으로 알기 쉽게 상상하면서 결국 모든 가능성이 실현되고 니체의 영원 회귀[4] 방식으로 되풀이된다고 예견한다. 하지만 반드시 그렇지만은 않다. 게다가 가능성이 망망대해처럼 펼쳐져 있기는커녕 현실이 그렇게 만들어진다고 믿을 확실한 이유도 없다.

그런데 우리 인간의 영생불멸을 말할 때 과연 일관성이 있기나 한지 의아할 수도 있겠다. 윌리엄스가 지적했듯이 그러려면 이 영원을 시종일관 지속하는 자아가 있다고 주장해야 한다. 그렇지 않다면 영생불멸하는 자아는 없고 별개의 자아가 잇따라 나타날 뿐이다. 하지만 스코틀랜드의 계몽주의 철학자 토머스 리드Thomas Reid가 주장했듯이 언젠가는 죽기 마련인 일반적인 시나리오에서조차 영속적 자아enduring self[5]를 말하는 게 어려울 때가 많다. 리드는 잉글랜드의 철학자이자 의사인 존 로크John Locke가 시간이 지나면서 기억(심리적 연속성, 의식의 동일성)이 자아 정체성을 형성한다고 주장한 이론을 반박했다.

리드가 제시한 80세 육군 대장의 예를 한번 생각해 보자. 그 노장이 40세 장교였을 때는 열 살 꼬마 적에 했던 사과 서리 경험을 기억하고 있었을 것이다. 마찬가지로 노장은 40세 장교 시절을 기억하고 있겠지만, 인생 말년에 이른 지금은 어린 시절에 한 사과 서리가 기억나지 않을 것이다.[6] 이런 예는 우리 인간이 어떤 의미로든 영생 불멸할 수 있다는 가정에서 몇 가지 문제를 제기한다. 영생은 고사하고 수명이 천 년까지 늘어나는 상황이라 해도, 일반적인 인간의 기억 체계를 다룬다고 가정하면, 그렇게 오랜 세월 영속적 자아가 존재한다는 게 말이 되는지 그 문제를 고려해 봐야 한다는 것이다. 실제로 수명은 우리의 장기 기억 용량에 맞춰 어느 정도 설정된 듯 보인다. 알츠하이머병에 걸리는 불행이 없다는 가정 아래 우리는 단일한 삶 전반에 알맞을 정도의 기억 용량만 갖고 있다는 얘기다.

지금 우리가 하는 추측은 좀 거칠 수밖에 없다. 실제로 죽지 않고 영원히 산다면 '삶'이 어떨지 누가 알겠는가? 예를 들어 자기 마음대로 무한정 살 수 있다면 생활 환경을 바꾸는 것은 물론 신체까지 완전히 알아볼 수 없을 정도로 고치지 않을까 상상하게 된다. 하지만 우리는 최소한 자기 삶에 대해 알고 있는 것을 근거로 추측할 수 있고, 그렇게 해 보면 영생불멸의 삶이 순간순간의 연속성을 보이더라도 기억나지 않아 끊어진 일련의 삶과 비슷하다는 점을 발견할 것이다. 그렇게 단절된 삶은 사람들이 전생에 다른 육체로(뭐, 당연하게도 보통은 유명한 인물로) 살면서 있었던 일을 어렴풋이 알고 있다고 주장하는 현상과 유사하다. 신기하게도 이는 플라톤을 비롯한 환생론자들이 불멸의 영혼을 상상하는 방식과 거의 똑같다. 예를 들면 플라톤의 대화편에 수록된 『파이돈』에는 영혼의 환생, 즉 **윤회**와 관련된 내용이 나온다. 하지만 이 대목에서 앞서 논한 똑같은 문제가 간단히 제기될 수 있다. 그렇게 '다시 태어난' 자아들이 다양한 환생을 거치는 영속성을 잘 모르면 그 자아들을 어떻게 하나의 동일한 영속적 개인으로 생각할 수 있을까? 하는 것이다.

영생불멸은 제쳐 놓고 현대 연금술로 342세에 도달하기도 하늘의 별 따기만큼이나 어렵다. 지금까지 기네스북에 오른 최고 장수자는 생명을 연장하는 의학적 도움

없이 122세까지 살다가 1997년에 세상을 뜬 잔 루이즈 칼망Jeanne Louise Calment이라는 프랑스 여성이었다. 영국의 노년학자인 오브리 드 그레이Aubrey de Grey는 센스(SENS) Strategies for Engineered Negligible Senescence 프로젝트를 제안한 것으로 유명하다(프로젝트명이 세네카라는 단어에 뿌리를 둔 말장난 같다). 노화의 기제를 알아내어 그 작용에 개입하겠다는 발상이다. 우리의 생명을 연장할 필요가 있을 때, 자동차처럼 단순히 정비를 받으러 가는 격이랄까. 드 그레이는 이렇게 썼다. "(우리는) 기계와 다름없고 노화는 기계가 닳고 손상이 누적되는 과정이므로 복구 가능성이 있다."[8] 지금까지 텔로미어 연장[9] 등 이야기가 많았고 그런 기본적인 발상 가운데 일부는 믿을 만하나 아직 의미 있는 실질적 성과는 없다. 잔 루이즈 칼망의 최장수 기록이 쉽게 깨질 염려는 없어 보인다. 하지만 드 그레이의 제안은 이른바 바이오 해킹*과 관련된 많은 문제와 마찬가지로 우리가 나중에 논할 주제인 영원한 젊음,

---

* bio-hacking. 몸과 마음의 건강을 증진하기 위해 첨단 과학 기술을 활용하여 자신의 상태를 분석하고 식이요법, 영양제, 운동, 치료 등으로 최적의 결과를 유도하는 활동

즉 **"영원한 소년**puer aeternis**"** 현상과 그런 발상을 무리하게 추구하는 어리석음과 관련이 있다. '영원한 소년'은 어떤 제약도 참지 못하고 신과 같은 완벽함을 추구한다.

노화가 마치 끔찍한 병인 것처럼 "노화 치료"와 "무한한 젊음"이라는 발상에 열을 올리며 극찬하는 걸 보면 사실상 드 그레이 자신이 **영원한 소년**의 사례라 할 수 있다.[10] 그 심리는 무한해지려는 욕망이다. 드 그레이 같은 영생주의자들은 직관적으로 윌리엄스와 같은 유한론자들과 완전히 상반된 입장이다. 윌리엄스가 썼듯이 만약 죽지 않고 영원히 산다면 "결국 너무 많은 나를 가졌을 것"이라는 관점과 극명하게 대조된다.[11]

아, 안타깝게도 세상에 드 그레이 같은 이들이 우리의 수명을 현저히 늘려 줄 때까지, 그런 일이 완전히 가능하기 전까지, 우리는 인생의 짧음에 대해 골똘히 생각하게 될 테고 너무나 짧은 이 시간을 계속 잘못 쓸 수밖에 없어 보인다. 이런 한심한 오용은 4장에서 살펴볼 것이다. 그 전에 먼저, 여전히 피할 수 없는 우리의 죽음 뒤에도 인류를 유지할 사람들을 포함한 다른 유형의 영생불멸을 논하고 싶다. 이렇게 명백히 우회하는 목적은 죽음과 (좀 느슨한 의미의 시간과) 의미의 연관성에 대해 논의를 진전하기 위해서다. 실제로 모종의 후생 즉, 우리가 죽은 뒤에도 존재하는 타인들의 삶이 의미 있는 삶의 필수 조건이라고 주장하는 철학적인 노력이 최근에 있었다. 이 책에서 내가 주장하듯이 인생이 짧아야 의미가 있다면 이런 의견 충돌이 왜 집단적 차원에서 일어날까? 그런 충돌이 실제로 어떻게 해소될 수 있는지 살펴보자.

3장
죽음이 예정된 삶은 무의미할까

사람들이 없는 세상은 무의미합니다. 아무도 없는데
혼자 칙칙폭폭 소리를 내며 나아가는 우주는 어찌 보면
무의미해요.

_로저 펜로즈와의 인터뷰[1]

오늘날 인간 때문에 벌어지는 다양한 재난 앞에서 지구
의 회복을 위해 사람들이 죽고 인류 전체가 멸망하기를
바라는 현상을 심심찮게 볼 수 있다. 미국의 코미디언 빌
힉스Bill Hicks가 말했듯이 지구상에서 우리 인간은 "신발
을 신은 바이러스" 같은 존재다.[2] 코로나바이러스로 인
한 봉쇄 조치가 시행되자 우리는 자연환경이 거의 즉시
회복되는 광경을 목격했다. 앨런 와이즈먼Alan Weisman은

꽤 오래전부터 저서 『인간 없는 세상』[3]에서 이런 현상을 예견하며 자연은 인간이 사라지는 다음 날부터 세상을 지배할 것이라고 주장했는데, 여기에는 어쨌거나 우리가 자연이 **아니**라는 암묵적 가정이 깔려 있다.

실제로도 인류가 대재앙으로 멸망할 수 있다는 사실은 상상이 가고도 남는다.[4] 세계적인 기후 변화가 특히 폭발적인 인구 증가와 맞물리면서 지구는 살 수 없는 곳이 되고 있다. 마이크로소프트의 전前 수석 과학자 스티븐 에모트Stephen Emmott는 저서 『100억 명, 어느 날』[5] 말미에 "내 생각에 우리는 망했다"라며 웅변조로 말했다.

이른바 자발적 인류 멸종 운동Voluntary Human Extinction Movement[6]에서 그런 반인류적 정서가 특히 극명한 형태로 드러난다. 인간은 아주 몹쓸 존재라 이 우주에서 사라져야 한다는 발상이다(이 운동을 주도하는 레스 나이트Les Knight가 그 취지에 맞게 정관 수술을 받았다는 사실은 반가운 소식이다). 그런 생각에 불을 붙인 것은 폴 에얼릭Paul Ehrlich과 앤 에얼릭Anne Ehrlich이 쓴 신맬서스주의(솔직히 말하면 세계 종말론을 주장하는 교파의 경계 선상에 있는) 책 『인구 폭탄The Population Bomb』[7]이었다. 이 책으로 말미암아 수

많은 사람들이 경악하며 행동주의자가 되었고 그 결과는 오늘날 우리가 목도하는 현실이다.

하지만 이제부터 모든 사람이 실제로 아이를 갖지 않는다는 사실을 알게 됐다고 한번 가정해 보자. 그런 이들 가운데 자발적 인류 멸종 주의자들은 신이 날 게 분명하다. 그렇지만 우리의 남은 인생에는 어떤 영향을 미칠까? 우리의 여생이 인류에게 주어진 마지막 시간이라면 우리의 행동과 **노력**이 여전히 말이 되기는 할까? 철학자 새뮤얼 셰플러Samuel Scheffler의 용어를 쓰자면 이는 "후생"을 빼앗는 일이다.[8] 어떤 종교적 의미가 아니라 우리 자신이 죽은 후에도 계속되는 삶(나 이외의 다른 인간의 삶)이 존재한다는 의미의 후생을 말한다. 그러므로 이 시나리오에는 인간 **집단**의 삶이 짧다는 전제가 따른다. 이는 훌륭한 직관 펌프intuition pump이며 우리는 그런 생각의 도구를 조금 활용해 핵심 개념을 파악할 수 있다.

셰플러가 제시하는 후생 제거 사례는 아마겟돈 스타일의 시나리오를 포함하는데 이번에는 지구를 구하느라 면도를 못 해 턱수염이 자란 브루스 윌리스가 없을 뿐이다. 우리가 죽고 나서(괜찮다, 자연사니까) 한 달 만에 지구가 거대한 운석과 충돌해 인류가 전멸한다는 사실을 알고 있다고 가정해 보자. 그리고 이런 질문들을 스스로 던져 보자. 그 때문에 내 삶의 방식에 어떤 변화가 생길까? 나는 이전의 삶을 포기하게 될까, 아니면 예전처럼 계속 살아가게 될까? 이 궁극적인 동일 집단에서 다른 사람들에 대한 내 행동이 달라질까? 만약 그렇다면 그 이유는? 타인들(내가 죽은 後에도 살아갈 사람들)의 존재가 내 삶의 의미에 어떤 변화를 가져올까? 대부분의 사람들은 이런 후생이 없고, 인간이 없다면, 우주는 무의미한 곳이 된다는 로저 펜로즈Roger Penrose의 말이 옳다고 여기는 듯하다.

셰플러는 자신의 사고 실험thought experiment을 통해 우리 삶이, 세상을 지속시킬 "집단적 후생collective afterlife"에 대한 암묵적 믿음에서 많은 의미를 얻는다는 것을 논증한다. 우리가 표명했고 더 나아가 옹호하려는 생각, 즉 인생에 의미를 부여하는 것이 바로 그 짧음이라는 생각과는 대조적으로 보이지만 말이다. 어쨌거나 그런 후생이 존재하지 않을지도 모른다는 생각이 사람들을 괴롭힌다는 것이다. 그 밖의 모든 것이 무심히 지속되더라도 인간 세상이 멈출 것이라는 생각은 사람들을 고민에 빠뜨린다. 그런 생각이 들면 아무도 책을 읽거나 쓰지 않을 것이다. 이렇게 짧은 책조차 말이다. 게다가 음악도 작곡하지 않고, 예술 작품도 만들지 않으며, 케이크도 굽지 않을 것이다. 스크래블 게임도 하지 않고, 전원을 거닐지도 않을 것이다. 포도주는 마시겠지만. 이는 단순히 이런 다른 삶이 끝난다는 것 자체로 괴로워하는 경우가 아니다. 다른 문제다.

사실 이 예는 자발적 인류 멸종 운동이 그 지지자들이 바라는 대로 진행되어 아무도 큰 비극 속에서 때 이른 죽음을 맞지 않고 사람 수가 점점 줄어들어 제로가 되는 내용으로 쉽게 수정될 수 있다. 여기서 셰플러는 생식 문제로 한 세기 안에 인간이 멸종하는 모습을 그린 P. D. 제임스P. D. James의 디스토피아 소설 『사람의 아이들』을 바탕으로 생각을 전개한다.[9] 그때까지는 죽음이 자연스러운 현상이며 삶을 충분히 살아갈 수 있다. 하지만 셰플러는 내 생각과 똑같이, 이 경우에도 여전히 문제가 된다고 지적한다. 문제는 인류가 **없는** 상황 그 자체이지, 그런 상황이 어떻게 생겨났는지가 아니다. 그런 부재 상황은 온갖 노력의 이유를 없애 버리는 것 같다. 예를 들어 이 책을 완성했는데 책을 읽을 사람이 한 명도 남아 있지 않을 게 뻔하다면 내가 이걸 왜 쓰겠는가? 최소한 한 사람이라도 이 책을 읽을 수 있다는 내 생각이 지나친 야심이 아니었으면 좋겠다!

우리는 이 예를 몇 갈래로 더 논의해 볼 수 있다. 하나
는 인류 멸종 사건의 시간의 지평선temporal horizon이다. 우
리가 죽은 지 30일이 다 되어 간다. 세상은 별로 변하지
않았을 터이다. 하지만 엔트로피가 끊임없이 감소하기
에 이 우주에서 모든 게 영원히 지속될 수 없다는 걸 우
리 모두 알고 있다. 예를 들면 우리은하, 즉 은하수 한가
운데 자리 잡은 초거대 질량 블랙홀supermassive black hole이
우리를 지배한다는 사실을 알고 있다. 이 블랙홀은 마침
내 모든 걸 빨아들여 인류의 기록을 모조리 지워 버릴 것
이다. '이후'를 충분히 먼 미래로 생각한다면 후생은 실
제로 존재하지 않는다. 어느 시점에 이르면 우리는 우주
의 다른 복잡한 구조물들과 함께 정말로 망할 테니까. 이
런 경우에는 우리의 인지 부조화를 적절히 가동해 아무
문제도 없는 척할 수 있다. 하지만 30일 후의 멸종을, 대
략 70억 년에서 80억 년 후 태양의 죽음으로 초래될 인
류의 멸망(또는 우리 뒤를 따라 일어날 모든 것의 파멸)과 별
반 다르지 않게 대하는 일이 뭔가 불합리하다는 점을 깨
달을 수도 있다. 설령 결말이 그렇다 해도 우리가 평범한

삶을 살아갈 수 있다면 그게 뭐가 중요하단 말인가? 결국에는 우리가 죽은 뒤 오랫동안 존속할 사람들의 흔적마저도 언젠가는 깡그리 지워져 버릴 텐데 말이다.

세플러는 우디 앨런의 영화 〈애니 홀〉[10]에서 다음과 같은 기막힌 장면을 끌어와 그 사실을 보여 주는데, 영화 주인공인 우울한 청년 앨비 싱어(여느 때처럼 신경증 증세를 보이는 젊은 시절의 우디)가 이 대목에 등장한다.

플리커 박사 앨비, 왜 우울하니?

앨비의 엄마 의사 선생님께 말씀드려. (앨비가 구부정하게 앉아 있고, 엄마가 대신 답한다.)

앨비의 엄마 책에서 본 내용 때문이에요.

플리커 박사 응? 책에서 본 내용?

앨비 (계속 고개를 숙인 채) 우주가 팽창하고 있대요.

플리커 박사 우주가 팽창하고 있다고?

앨비 음, 우주가 전부인데, 우주가 팽창하고 있다면 언젠가는 부서질 테고 그러면 모든 게 끝장이잖아요!

앨비의 엄마 그게 네가 상관할 일이야? (박사 쪽으로 다시 몸을 돌리며) 애가 글쎄 이제 숙제를 안 한다니까요!

앨비   그게 무슨 소용이에요?

앨비의 엄마   우주가 숙제랑 무슨 상관이니? 넌 여기 브루클
          린에 있잖아! 브루클린은 팽창하지 않아.

플리커 박사   앨비, 우주는 아직 수십억 년 동안 팽창하지 않을
          거야. 우리가 여기 있는 동안 즐겁게 살려고 노력
          해야지!

셰플러는 수십억 년 대 30년이라는 시간의 잣대를 들
이대며 앨비가 바보처럼 군다고 주장한다. 만약 두 숫자
가 자리를 바꾼다면 앨비가 우울해하는 게 마땅하고 우
리는 『사람의 아이들』 시나리오로 돌아가겠지만 말이다.
그러나 여기서 내 직관은 다르다. 셰플러의 주장은 내가
동조할 수 없는 그의 직관에 양분을 제공하는 시간 병(현
재 및 가까운 미래의 사건에 대한 인간의 편견인데, 이 주제는
다음 장에서 다룰 예정이다)이 아닐까 싶다.

내 직관을 밀어붙일 수 있는 또 다른 방법은, 죽음 불
안을 완화하는 방법으로 1장에서 논한 루크레티우스의
대칭론 같은 논리를 고려해 보는 것이다. 우리를 괴롭히
는 문제가 정말로 인류가 없는 상황이라면 먼 옛날 인간

이 존재하지 않았던 상황에 대해서는 왜 괴로워하지 않는단 말인가? 빅뱅과 최초로 자각하는 인간의 등장 사이에 '인간이 없는 공백'이 길게 존재하는데 말이다. 다시 말하지만, 이 예는 시간(여기서는 구체적으로 시간의 화살)이 중요한 역할을 하고 있음을 보여 준다. 우리가 꾀하는 일이 앞으로 나아가는 성격을 띠기 때문이다. 우리가 과거가 아니라 미래에 영향을 미칠 수 있다는 사실을 우리는 알고 있다.

따라서 적어도 궁극적으로는 후생이 존재하지 않을 수도 있다. 하지만 이런 생각도 당연히 배제할 수 없는데, 우리는 불멸의 영혼을 지녔는지도 모른다. 니체를 믿는다면 성경에 나오는 신도 아마 없을 것이다. 창조적 지성 같은 것도 배제할 수는 없겠지만. 여하튼 우주의 존재는 물론이고 우주가 도대체 왜 여기에 있는가에 대해서도 합의된 설명은 없다. 그럼, 어떻게 살 것인가? 윌리엄 제임스는 "삶은 살 가치가 있는가?"라는 주제 아래 짧지만 심도 있는 강연에서 바로 그 문제를 (자살에 초점을 맞추어) 고찰하면서 모든 게 말이 되려면 "보이지 않는 질서"(또는 그런 게 존재한다는 가정)가 필요하다고 주장했다.[11] 제임스의 보이지 않는 질서는 제쳐 놓더라도 우주가 여기에 존재하는 이유가 없다면(그리고 그럴 이유가 없다고 할 수 있다면) 도대체 왜 계속 신경 쓰는가? 제임스 본인은 토대가 튼튼한 현실에 기초한 어떤 영적 질서가 있음을 "믿을 권리"가 우리에게 있다고 넌지시 말한다.

철학자 토머스 네이글Thomas Nagel은 무의미해 보이는 우주가 계속 존재하는 사실을 두고 "부조리"라고 일컬었다.[12] 즉, 이 세상에 궁극적인 의미나 이유가 없다는 점에서 삶과 계획을 받아들이는 우리의 진지함에 큰 아이러니가 있다는 말이다. 우리가 하는 어떤 행위도 정당한 이유가 없다. 정당화하려면 그 자체를 뛰어넘는 것(제임스가 우리에게 비非자살성의 공리公理로 받아들이라고 촉구하는 보이지 않는 질서)이 필요하기 때문이다. 철학자이자 소설가인 알베르 카뮈Albert Camus는 그런 상황을 "(명확함을 미친 듯이 갈망하는) 인간의 욕구와 세상의 불합리한 침묵 간의 대립"이라고 시적으로 표현했다.[13] 니체가 보기에는, 신의 죽음을 고려할 때 절대 벗어날 수 없는 상황이었고, 우리가 의미의 진공 속에 버려진 상태였다.[14] 우리는 우주가 대체 왜 여기에 있는지 실제로 이해할 수 없다. 이성이 통하지 않는 문제다. 모든 것이 다음 순간에 갑자기 사라질지 알 수 없는 일이다. 그래도 우리는 이 고요한 세상 속에 우리가 부여할 수 있는 모든 의미를 조각하며 계속 나아간다. 그렇지만 허무주의나 쾌락주의로 이어지는 경우가 많다. 이 세상에 아무런 의미나 의의가 없다면 그저 자신이 옳다고 느끼는 일을 하지 않고 다른 방식으로 살아갈 이유가 뭐가 있냐는 의문이 생겨나는 것이다. 확실히 이런 생각이 지금 세상에서 판을 치고 있다. 그래서 다음에 이어지는 장들에서는 허무주의의 대안을 제시하려고 한다.

이렇게 표현된 모든 것이, 쌈박한 새로운 개념만 있다면 오래된 실존주의 문제의 상당 부분을 설명할 수 있을 듯하다. 사르트르Jean Paul Sartre와 동료들이 표방하는 더 오래된 실존주의에서는 신이 죽고 존재 이유가 없는 세상에서 어떻게 의미를 만들 것인가가 문제였다. 어떤 규칙서도 없었다. 우리 스스로 존재의 의미를 만들어야 한다는 게 그들의 대답이었다. 우리에게는 사물의 세계에서 도출된 본성이 없다. "실존은 본질에 앞선다"가 모토다.[15] 셰플러의 생각에 기대어 우리는 이제 다른 답에 직면했다. 신은 필요 없지만, 앞으로도 이어질 인류가 생산

하는 더 큰 집단이 필요하다는 것이다.

하지만 여기서 뭔가 다른 일이 벌어지고 있을 수도 있는데, 그것은 사물을 **보존**하려는 욕망과 더 관련이 있다. 그저 잠재된 보수주의일지도 모르겠다. 그것은 모래성처럼 단순한 것에서 발견된다. 우리는 해변에 웅장한 구조물을 짓고 애정을 쏟아 그 둘레에 못을 파는 작업 등을 하면서 그 구조물이 유지되기를 바란다. 그것이 바닷물에 쓸려 가거나, 더 나쁜 경우 해변에 온 다른 사람들 때문에 파괴되면 상당히 실망하게 된다. 그러면 여기서 주요한 것은 집단적 후생의 존립일까, 아니면 불가피한 엔트로피* 로부터 모래성 같은 문명을 보존하려고 집단이 수행하는 어떤 **기능**일까? 그 일은 집단적 후생이 엔트로피의 해결책으로 제공하는 질서에 따라 이루어지고 있을 가능성이 꽤 크다. 우리는 결국 질서를 대단히 좋아하는 존재들이니까. 그러나 이것은 타인의 삶 자체보다 자아ego의 문제다. 어쨌든 그리 간단한 문제가 아니라

---

* entropy. 열역학 제2법칙에서 나온 개념으로, '어떤 계system의 무질서한 정도'를 나타낸다. 물질의 변화는 대부분 무질서도가 증가하는 방향으로 진행된다.

는 생각이 든다. 여기서 직관의 차이가 드러난다. 그런 시나리오가 "이기주의의 한계"를 드러낸다는 셰플러의 생각에[16] 우리가 그렇게 금방 동의할 수 없다고 본다.

우주에서 인류의 역할에 대한 내 견해는 이 장의 첫머리에 인용된 영국의 박학다식한 수학자이자 수리 물리학자인 펜로즈의 생각에 더 가깝다. 이 견해는 마지막 장에서 더 논의할 것이다. 중력과 블랙홀 이론에 기여한 공로로 2020년 노벨 물리학상을 공동 수상한 펜로즈는 꽤 유명하고 흥미로운 집안 출신이다. 그의 아버지 라이어널Lionel은 우생학eugenics이라는 학과를 '인류 유전학human genetics'으로 바꾸어 불미스러운 과거와 구별하는 일에 관여한 명성 있는 우생학자였다. 예를 들면 인종 비하적 용어인 '몽고증mongolism'을 '다운 증후군Down's syndrome'으로 바꾸게 된 배후에 그가 있었다. 라이어널과 로저는 "불가능한 물체들impossible objects"을 함께 고안했다. 그 형태에서 착상을 얻은 네덜란드의 예술가 M. C. 에스허르M. C. Escher는 「올라가기와 내려가기Ascending and Descending」(58쪽 그림)라는 작품을 만들었는데 거기서는 사람들이 유한하고 정지된 이미지(펜로즈 계단Penrose staircase)에서 무

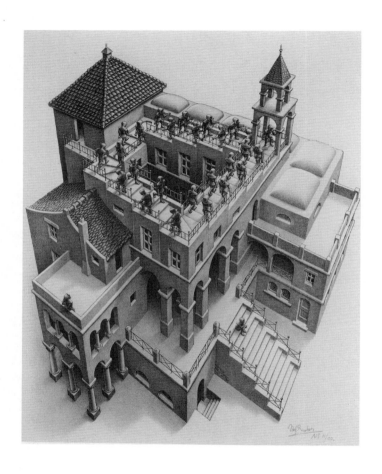

M. C. 에스허르의 「올라가기와 내려가기」로 구현된 펜로즈 부자의 "불가능한 계단"에는 유한한 이미지 속의 무한한 여정이라는 개념이 압축되어 있다. (M. C. Escher's "Ascending and Descending" © 2021 The M. C. Escher Company-The Netherlands. All rights reserved. www. mcescher.com.)

한정 오르내릴 수 있어 보인다. 게다가 불가능한 도형인 "펜로즈 삼각형Penrose triangle"도 에스허르의 작품 「폭포 Waterfall」의 기초가 되었다.[17] 유한함과 무한함의 이런 상호 작용과 더불어, 특히 무한함을 인간의 손에 넣겠다는 생각, 즉 무한함을 유한한 경계가 있는 것 속에 집어넣어 유한함 속에서 무한함을 파악할 수 있다는 생각은 펜로즈 작품 대부분의 특징인데, 나는 죽음(유한성)과 (무한성을 띤)의미의 관계를 비슷한 방식으로 생각하고 싶다. 펜로즈는 인간의 정신, 곧 의식을 매우 특별한 것으로 보는데, 그것은 의미의 동일한 초월성과 다시 관련이 있는 듯하다. 이는 정신의 표식으로 사실상 세상의 빛이다. 실제로 펜로즈는 뇌의 작동 방식이 컴퓨터 처리 과정과 일치할 수 없으므로 인공 지능은 불가능하다고 주장했다. 컴퓨터는 우리가 하는 일을 절대 할 수 없다는 것이다.[18] 우주에서의 역할 측면에서 보면 어떤 종류의 정신(자의식 같은 형태)이 의미의 세계에 필수적이다. 우리는 세상을 다시 그 자체(객체)에 **투영**할 수 있는 자아(주체)가 필요하다. 이 경우, 미래에 어떤 의미 있는 세상을 원한다면 그런 세상을 만들 사람들(또는 적어도 우리의 주요 특징을 광범위하게 지닌 대상이 존재하는 "후생")이 남아 있기를 바라는 게 좋다. 지속적인 존재의 중요성은 우리의 노력 자체에 있기보다는 일반적으로 우주 자체가 의미 있는 실체가 되는 데 있다.

우주의 먼 미래에 대한 펜로즈의 견해는 모든 게 결국 광자(빛의 입자)가 된다는 것이다. 이런 생각은 앨비가 말한 악몽 같은 미래와 약간 비슷해 보이지만 광자의 흥미로운 점은 질량이 없다는 것이다. 이는 광자가 시간을 경험하지 못함(아인슈타인의 특수 상대성 이론의 결과)을 뜻하며 어떤 의미에서는(무질량 상태와도 연관되어) 그 질량이 얼마나 되는지도 알 수 없다는 얘기다. 이 두 가지 발상을 통해 펜로즈는 우주의 종말이 또 다른 빅뱅과 함께 또다른 "시간의 순환cycle of time"의 시작으로 나타날 수 있다고 생각한다. 왜냐하면 모든 광자가 극히 작은 데다 새로운 특이점을 형성한다고 볼 수 있기 때문이다.[19]

여기서 말하는 시간의 순환성은 원형原型적이며, 다양한 문화권에 걸쳐 발견되고 신화와 창조 이야기에 내재해 있다. 삶의 질을 시험하는 니체 버전, 즉 '삶을 영원히 반복해서 살아도 괜찮겠는가?'라는 질문은 이미 언급했다. 그런 삶은 부질없는 실존, 그러니까 일종의 영원불멸이지만 더 황당한 형태로 이어진다고 생각하는 이들이 있을지도 모르겠다. 마르틴 하이데거Martin Heidegger도 저서 『존재와 시간』[20]에서 우리의 존재 의미는 시간과 결부되어야 한다는 견해를 제시한다. 시간적 존재인 우리는 ("전생beforelife"에 해당하는) 종교와 문화가 있고 그 역사가 이미 기록된, 우리보다 먼저 존재한 세상에서 태어났으며 이 세상을 이해하기 위해 다양한 취미 활동을 하면서 그럭저럭 살아간다. 가정을 꾸리거나, 직업을 갖고서 경력을 쌓거나, 살 집을 지을 수도 있고, 그런 와중에 어떤 미래를 향한 궤도에 오른다. 그러나 우리가 계획하고 추진하는 일에는 한계, 그 일을 마쳤든 못 마쳤든 간에 모든 게 끝나 버리는 지점이 있다. 그 한계란 당연히 죽음이다. 이것이 바로 하이데거가 말하는 "죽음을 향한 존재being-towards-death"다.[21] 하지만 우리는 취미와 오락에 너무 빠진 나머지 우리가 추구하는 일의 가장 바깥쪽에 한계가 있다는 사실을 그만 잊어버리고는 하이데거가 말하는 비본래적 삶inauthentic life을 살아간다. 우리는 삶을 죽음의 지평선으로 내던지고 나서야 비로소 본래적 삶authentic life을 찾을 수 있다.[22] 이 문제에 대해서는 셰플러가 제시한 의미의 집단적 영생불멸이 제공하는 보완책 또한 초월해야 하는지 각자 생각해 볼 여지를 남겨 두겠다. 다음 장에서는 세네카가 제기한 시간 낭비, 즉 최상의 합리적 이익에 부합하는 행동을 하지 않는 경향과 더 밀접한 관련이 있는 비본래성의 또 다른 측면을 다룰 것이다.

4장
미래는 우리 자신의 현재가 된다

사실 우리를 이루는 요소는 시간이지만
우리는 멀리 앞날을 내다보는 데 적합하지 않은 존재다.
_필립 라킨, 「회상」[1]

인간을 비롯해 일반적으로 동물이라 할 수 있는 존재는
내가 "시간 병"이라고 부르는 병에 시달린다. 시간 병은
시간이 지나면서 자아 정체성과 관련된 행동, 즉 과거 자
아와 미래 자아와 관련된 느낌이 부정적인 결과로 이어
지는 현상이다. 예컨대 우리가 미래 자아에게 친절히 대
할지 아니면 못되게 굴지는 미래 자아에게 얼마나 연결
감을 느끼느냐에 달려 있다. 타인과의 연결 정도에 따라

그 사람을 대하는 태도가 결정되는 것이다. 보통은 낯선 사람보다 혈족에게 더 잘해 준다.[2] 우리는 혈족 편향적이다.

당장 눈앞에서 누군가 피를 흘리며 의료적 처치를 받아야 하는 상황에 직면한다면 우리는 틀림없이 그 사람을 도울 것이다. 하지만 세상 곳곳에는 가난해서 도움이 필요한 사람들, 사정이 절박한데도 단지 가까이에 있지 않다는 이유로 고통을 겪어야만 하는 사람들이 많다. 우리는 근접 편향적이다.

거리는 실제로 중요해 보인다. 거리를 따지는 게 합리적이든 아니든 간에 말이다. 시간적 거리도 다르지 않다. 우리는 사실상 멀리 앞날을 내다보는 데 적합하지 않은 존재다. 시간에 대해 근시안적 성향을 지녔다. 5년 후의 자신보다 현재의 자신이나 5초 후의 자신에게 대체로 더 잘한다. 우리에게는 실제로 또 다른 시간적 사건의 지평선이 있다고 할 수 있다. 그 너머에 있는 미래의 자신에게 눈곱만큼도 신경 쓰지 않는 경계 말이다. 그 경계 너머로는 모든 일이 너무 추상적이기만 해서 행동의 지침이 되지 않는다. 이러한 사건의 지평선이 어디에 있는지는 사람마다 개인차가 상당히 크지만, 삶이 필연적으로 토해 내는 모든 불확실성을 뚫고 미래를 선명하게 보기가 어렵다 보니 어느 정도까지는 그 지평선의 존재로 동기를 얻는다.

개인적 차원에서 이런 시간적 근시는 분명 심각한 문제로 이어질 수 있다. 예를 들면 과식, 과소비, 약물 남용 등 지금 당장 또는 가까운 장래에 보상을 제공하는 수많은 위험한 행동이 그러하며 나중에는 비만, 빈곤, 중독, 원치 않는 임신 등의 부정적인 결과를 초래하기도 한다. 단절은 개개인이 그런 좋지 않은 일을 당하는 미래 자아가 여전히 그 자신이고 현재 행동이 그런 끔찍한 결과를 직접 만들어 냈다는 사실을 보지 못하게 가로막는다. 그런 이들은 스스로 고통을 짓는 건축가인 셈이다.

집단적 차원에서 보면 그런 행동들은 미래 사람들의 건강(우리도 이 가련한 미래에 포함됨)보다 단기적 이익(더 싸고 손쉽게 얻을 수 있는 연료 등)을 추구하는 데 열을 올리며 기후 위기와 인구 위기를 불렀다. 이런 세계적인 문제 중 일부는 개개인의 나쁜 행동(재활용이나 피임에 신경 쓰지 않는 행위 등)이 다양하게 상승 작용을 일으킨 결과다.

문제는 경제 행위에서 나타나듯이 시간에 따른 재화의 분배다. 개인의 선택에 따라 정해진 시기에 찾아오는(예를 들면, 일괄 대 분할) 재화를 생각해 볼 수 있다. 이를테면 금액을 어떤 방식으로 받을 것인가, 한 주 내내 케이크를 얼마나 먹을 것인가 따위의 문제다. 우리는 그런 문제에 대해 좀처럼 올바른 행동을 하지 못한다. 우리에게는 불행을 택하는 성향이 내재한 듯하다. 이렇게 한번 생각해 보자. 우리에게 시간, 돈, 에너지 등과 같은 특정한 자원이 있다. 시간에 따라(즉 일생에 걸쳐) 이 자원, 즉 앞서 논한 매우 귀중하고 희소한 자원을 어떻게 배분할 것인가 하는 난제에 부딪혔다.

- 지금은 편히 쉬고 어려운 일은 나중에 할까?
- 지금 유튜브에서 돼지 등에 거꾸로 올라탄 원숭이가 나오는 영상을 볼까, 아니면 숙제를 하거나 강연 준비를 할까?[3]
- 지금 담배를 끊을까, 아니면 끽연의 즐거움을 더 누릴까?
- 지금 운동할까, 아니면 소파에서 늘어지게 쉴까?
- 채소를 더 먹을까, 아니면 이 초콜릿을 먹을까?

세네카가 『인생의 짧음에 관하여』에서 논한 것과 본질적으로 같은 문제다. **시간에 따른 선택**이라는 경제 문제와 다를 바 없다. 다시 말하면 (이 경우에는 인생에서) 어떤 간격을 두고 재화를 어떻게 분배해야 하는가 하는 문제다. 세네카의 대답(좋은 삶, 곧 에우다이모니아°의 열쇠를 제공)은 힘든 일과 재미없는 과제를 인생 후반에 너무 많이 쌓아두지 말라는 것이었다. 힘든 일을 조기에 하고 보람이나 보상이 따르는 일을 만년에 더 많이 배분해야 한다는 얘기다.

세네카는 때때로 "시간 도둑"이라 불리는 미루기에 가장 관심이 컸던 듯하다. 이 미루기는 어떤 일을 정말 해야만 한다는 걸 알면서도 미루는 경우를 말한다.

> 세상에 자신의 선견지명을 뽐내는 것보다 어리석은 짓이 있을까요? 그런 사람들은 더 잘 살려고 어깨에 짐을 잔뜩 짊어진 채 분주합니다. 인생을 바치면서 인생을 치장하는 꼴이

° eudaimonia. 그리스어로, 잘well 혹은 좋은good을 뜻하는 '에우eu'와 신에 가까운 존재(신과 인간의 중간적 존재)인 '다이몬daimon'의 합성어. 아리스토텔레스는 인간이 사는 목적(행위의 목적)을 에우다이모니아라고 보았다. 좋은 삶, 행복, 잘 사는 것, 번영 등으로 번역한다.

죠. 앞을 멀리 내다보며 구상해 본다지만 이렇게 미루는 행위는 인생의 가장 큰 낭비입니다. 뒤로 미루는 일은 하루하루를 야금야금 잡아먹고, 훗날을 기약하면서 현재를 훔쳐 가 버리는 것이에요. 기대는 삶의 가장 큰 장애물입니다. 내일에 매달리다가 오늘을 날려 버리니까요. 운명의 여신 손에 있는 것들을 가지런히 늘어놓다가 자기 손에 있는 것을 떨어뜨리는 꼴이죠. 무엇을 기대하세요? 무엇을 노립니까? 앞으로 닥칠 일은 모두 불확실성에 싸여 있습니다. 현재를 사십시오![4]

하지만 여기서 주의할 점이 있다. 세네카의 말은 사람들이 더 잘 살기 위해 몹시 바쁘게 일하면서 즐거움을 미루다가 결국 인생을 준비하는 데 인생을 써 버린다는 것이다! 하지만 그런 얘기는 우리 현대인들에게 정말 그럴까 하는 의문을 불러일으킨다. '즐거움을 미루지 말라고요, 세네카 선생님? 음, 좋아요. 알겠어요.' 이 문제는 스토아주의자들에게만 해당할 듯싶다. 세네카가 살던 시대가 정말 이런 상황이었다면 우리는 심하게 뒤떨어진 인간 종인 셈이다. 현대인이 직면한 문제는 현재의 즐거움을 억누르는 의지가 과도한 게 아니라 오히려 그 반대다. 의지 부족이 문제다.

이는 세네카가 살던 시대 이전으로 한참 거슬러 올라가는 아주 오래된 주제다. 그리스 철학자들은 의지박약 현상을 **아크라시아**akrasia⁵라고 불렀다. 그리스어의 의미를 그대로 옮기면 명령이나 통제의 부재이며, 근본적으로 결국 불행을 선택하는 행동이다. 그런 개념은 호메로스의 서사시에서 오디세우스가 바다의 요정 사이렌이 부르는 노래에 유혹당하지 않으려고 배의 돛대에 자기 몸을 묶어 놓은 모습에서 찾을 수 있다. 오늘날에도 나쁜 길로 빠지지 않기 위한 확실한 방법으로 비슷한 책략을 써야 한다고 보는 이들이 많다. 개인의 급여에서 일정액을 떼어 적립하는 강제적인 국민연금은 기본적으로 국가가 우리를 돛대에 단단히 묶어 두는 격으로, 돈을 일찍 펑펑 써 버리게 하는 사이렌의 유혹을 물리쳐 나중에 노쇠해졌을 때 돈이 부족한 일이 없도록 막겠다는 취지다.⁶

옥스퍼드대학교에 순수 철학자의 전형인 데릭 파핏 Derek Parfit(1942~2017)이라는 훌륭한 인물이 있었다. 파핏은 도덕적 책임의 관점에서 우리가 타인과 자신에게 빚지는 문제를 다루는 연구에 거의 평생을 바쳤다. 파핏은 미래 자아라는 문제에 특히 힘을 쏟았고 중요한 것은 **연결**이라고 주장했다.

> 미래에 대한 나의 관심은 아마도 현재의 나와 미래의 나가 얼마나 연결되어 있느냐와 일치할 것이다. 연결은 내 미래에 특별히 관심을 가져야 할 이유가 되는 미래의 나와의 강한 관계나 약한 관계 중 하나다. 신경을 쓰는 이유 중 하나가 덜 유효하다면 신경을 덜 쓰는 편이 합리적일 수 있다. 그런데 연결은 장기간에 걸쳐 약해지기 마련이므로 나는 합리적으로 먼 미래에 신경을 덜 쓰게 된다.[7]

달리 말해, 연결이 정말 중요하다면 시간적 거리의 결과로서 미래의 가치를 깎아내리는 일은 결국 합리적이다. 파핏은 담배를 피우기 시작한 소년의 사례를 드는데, 소년은 50년 뒤 흡연으로 크게 고통받을 수 있다는 사실을 알고도 개의치 않는다. 파핏이 지적하듯이 소년은 미래의 자신을 낯선 사람으로 대하면서 자신과 동일시하지 않는다. 하지만 이런 관점에서 본다면 담배를 피우지 않을 이유가 무엇인가? 이 말은 이상하게 들릴 것이다. 보통은 자기 미래의 삶에서 일어나는 일에 신경을 쓰기 때문이다. 낯선 사람의 삶이 아니라 바로 **자신**의 삶이니까.

　우리는 이제부터 과거 자아와 미래 자아라고 말하지 않고 단순히 '나'라고 해야 하는지도 모른다. 분리된 존재를 암시하는, 다시 말해 단일성보다는 다양성을 내포한 '미래 자아'보다 '미래의 나'라는 표현이 낫다. 파핏이 그 문제를 드러내는 방식은 다른 많은 문제와 마찬가지로 다중 자아의 개념을 포함하는데, 다중 자아는 다양한 연결성을 띠며 때로는 서로 경쟁할 정도로 최소한으로만 연결되어 있다. 이것이 바로 더 큰 사회 문제들의 근원이다. 아울러 단절을 기정사실로 받아들이면서 우리자신의 미래에 대해 건강한 관심을 키우지 않는 것은 미래 세대(미래의 우리 자신이 아닌 사람들)에 아무런 도움이되지 않는다.

　하지만 우리가 자기 미래의 모습을 낯선 사람 보듯 한다는 점에서 파핏의 말은 하나도 틀린 게 없다. 실제로도 파핏의 생각을 뒷받침하는 듯한 실증적 연구가 많다. 사회 심리학자 할 허시필드Hal Hershfield는 fMRI(기능성 자기 공명 영상)로 뇌의 신경 활동을 촬영해 사람이 '자기'와 '타인'을 대비하여 판단할 때 뇌에서 어떤 일이 벌어지는

지 관찰했다.[8] 그러자 낯선 사람과 (먼)미래의 자신을 현재 자신과 비교해서 생각하는 동일한 활성화 양상이 나타났다. 파핏은 이 결과를 놓고 우리 삶에서 낯선 사람을 중시해야 한다는 의미로 받아들여야 한다고 제안한다. 그러나 나는 우리가 자신의 미래를 중시하는 전략을 마련해야 한다고 믿는다. 달리 말하면, 나는 미래의 나를 낯선 사람 보듯 하는 것을 **문제**로 여기며, 현재 나와의 연결감을 증가시키는 방법들이 필요하다고 지적하고 싶다. 반면 파핏은 미래의 나를 낯선 사람 보듯 하는 현상을 윤리적 관점의 토대로 보고 있다.

> [개인의 정체성이 중요하다고] 믿었을 때 나는 내 안에 갇혀 있는 것 같았다. 내 삶이 유리 터널처럼 보였다. 매년 그 터널을 더 빨리 통과했지만, 그 끝에는 어둠이 있었다. 그런데 관점을 바꾸자 유리 터널의 벽이 사라졌다. 지금은 탁 트인 곳에 살고 있다. 내 삶과 다른 사람들의 삶에는 여전히 차이가 있다. 하지만 그 차이는 줄었고, 그들에게 더 가까워졌다. 또한 내 여생에 대한 염려는 줄고 타인의 삶에 대한 염려가 늘었다. [개인의 정체성이 중요하다고] 믿었을 때는 피할 수 없는 죽음이 더 신경 쓰이기도 했다. 내가 죽은 뒤

에는 나라고 할 수 있는 사람이 전혀 존재하지 않을 테니까. 이제는 이 사실을 이렇게 다시 설명할 수 있다. 나중에 경험은 많아지겠지만 그중 어느 것도 경험의 기억이나 과거 의도의 실행과 같은 직접적인 연결 고리들을 통해 현재 경험과 연결되지 않을 것이라고 말이다.[9]

이러한 견해는 셰플러의 후생과 비슷하다. 나와 미래 자아의 연결이 수많은 연결 중 하나일 뿐이라면 그 하나가 끊어져도 별일이 아니다. 다시 말하지만, 이는 나쁜 사고방식이라는 느낌이 든다. 너무 **속수무책**이다. "유리 터널" 개념은 파핏이 견지하는 시간관을 부각한다. 개인이 자신의 미래에 적극적으로 참여하지 않고, 따라서 우주 자체의 미래에도 참여하지 않는다는 관점이다.

이처럼 먼 미래일수록 우리가 미래 자아에게 불친절하거나 신경 쓸 수 없다는 생각은 경제 이론의 핵심 부분을 형성하기도 하는데, 이른바 "시점 할인temporal discounting(또는 지연 할인delay discounting)"이다. 다시 말해, 인간은 미래의 가치를 깎아내리는 경향이 뚜렷하며 그런 양상은 상당히 보편적인 법칙을 따른다. 전문 용어를 쓰면 "쌍곡선" 할인으로, 어떤 사건이 지연될수록 그 사건의 가중치 그래프가 쌍곡선 형태로 떨어진다. 나 같은 학자들에게서 보이는 전형적인 예는 먼 미래에 진행될 오만 가지 프로젝트를 수락했다가 마침내 그 시점이 찾아오면 눈코 뜰 새 없이 바쁜 형국이다. 우리는 미래 자아가 겪게 될 끔찍한 경험을 **지금은** 상관하지 않는다. 하지만 노련한 학자들은(그 가운데서도 일부가) 실수에서 배우고, 그가 현명한 사람이라면 이전의 끔찍한 경험을 머릿속에 저장해 놓고서 그렇게 많은 일을 승낙하면 안 된다는 사실을 상기할 것이다. 이런 식의 관리(시간 경제학)는 조기 교육이 이루어져야 한다. 특히 초등학생들은 당장 눈앞에 있는 즐거움을 누리려고 숙제를 막판까지 미루기 쉬운데, 이런 행동은 아무것도 하지 않는 것이나 다름없다! 파핏의 견해는 마땅히 숭고하겠지만 이런 상황에서는 아무런 도움이 되지 않는다.

지금의 선택으로 미래를 만들어 간다는 똑 부러지는 미래관을 지닌 사람이라면 틀림없이 매우 다른 행동을 보일 것이다. 우리의 행동이 지금 이 순간 한 부분에 국한된 미래를 만들지 않는다면 이제 거리는 상관이 없다. 이를테면 뉴턴 시대에 개념이 정립된 중력처럼, 혹은 기술자가 로봇을 원격 조종하는 상황과 마찬가지로 멀리 서도 즉각 작용하는 것이 있기 때문에 거리는 그다지 중 요하지 않다. 흥미롭게도 달라이 라마Dalai Lama, 지두 크 리슈나무르티Jiddu Krisnamurti를 비롯한 지지자들을 거느리 며 물리학계 밖에서 유명한 물리학자 데이비드 봄David Bohm은 타인과 관련해서도 비슷한 견해를 제시했는데, 부분(개별적 사람, 개별적 자아)으로 나누는 것이 문제라고 했다. 만일 우리가 분할되지 않은 전체를 구성하고 있다 면 타인이 바로 우리 자신이다. 따라서 우리가 타인에게 조금이라도 나쁜 짓을 하면 미래 자아와 마찬가지로 자 신에게도 그러고 있는 셈이다. 봄이 저명한 물리학자라 해도 어떤 독자들에게는 좀 멀게 느껴질지도 모르니 더 구체적으로 한번 살펴보자.[10]

쉽게 설명해, 건강한 식생활로 미래의 내가 더 날씬하 고 행복하며 활동적으로 바뀌는 모습을 실제로 본다면 지금 당장 건강하게 먹을 가능성이 훨씬 더 커진다. 문 제는 바로 결과의 **지연**, 즉 만족(더 날씬하고 행복해진 나) 의 지연이다. 언제나 시간의 격차가 있다 보니 그만큼의 시간을 거쳐 자신을 진화시켜야만 그 결과에 이를 수 있 다. 지름길은 없다. 그것은 과정이다. 만약 당장 폐 질환에 걸렸거나 충치가 생기는 등의 시급한 상황이라면 나쁜 결과를 초래하는 행동은 조금도 하지 않을 것이다. 물론 하루 저녁조차도 과음을 막지 못할 만큼 긴 시간이다. 술을 마시는 과정에서 의지력이 좀먹히는 문제도 있지만 말이다. 우리에게 필요한 것은, 우리의 미래와 더불어 현재의 행위가 이런 미래의 모습을 바꾸는 방식을 직접 보여 주는 위지위그*를 제공해 주는 각자만의 쥘 베른식 오실로스코프**다. 하지만 우리는 지금 우리의 모습에서 바로 이런 화면 장치를 어느 정도 가지고 있다. 이를테면 과거의 자신이 내린 결정의 결과로 존재하는 현재의 모습이다. 그 결정이 긍정적인 결과로 이어질 때도 있고 부정적인 결과로 이어질 때도 있지만 말이다. 우리는 스스로 내린 이런저런 결정이 분명히 수많은 외부 영향과 결합하여 어떤 결과를 낳았는지 볼 수 있다. 하지만 대체로 보건대, 최상은 아니었다 해도 과거의 자신이 내린 결정

---

* WYSIWYG. What You See Is What You Get(눈에 보이는 대로 얻는다)의 약자로, 컴퓨터로 작성 중인 문서를 화면에 보이는 대로 출력할 수 있는 방식을 뜻하는 IT 용어
** oscilloscope. 브라운관을 통해 전기 현상의 파형을 눈으로 관찰하는 장치

이 없다면 지금보다 더한 곤경에 처해 아등바등 살아가고 있을지 모를 일이다.

어떻게 보면 우리의 문제에 대한 해결책(시간 병의 치료법)은 오늘날 "정신적 시간 여행"이라 불리는 기술, 즉 자신의 미래를 잘 그리고 멀리 상상하는 능력을 키우는 것이다. 여기에는 미래나 미래의 가능성에 대한 일종의 예행연습 또는 시연이 포함된다.[11] 실제로 앞서 언급한 fMRI 결과와 관련된 연구에 따르면 미래 자아를 얼마나 '생생하게' 볼 수 있는가, 즉 이런 식의 앞질러 가는 여행을 얼마나 잘할 수 있는가가 과오는 물론 성공의 매우 강력한 예측 변수다.[12] 연결이 중요하다는 파핏의 기본 명제를 뒷받침하는 증거가 더 있겠지만, 마찬가지로 시간 지연이 증가하면서 연결이 약해진다는 사실을 그냥 받아들이기보다 오히려 연결을 강화해 문제에 **맞서 싸우는** 개입의 희망이 있다는 증거도 말하고 싶다. 이전의 연구가 실제로 그 점을 명확히 입증했는데, 그 결과를 보면 사람들이 미래 자아를 더 단단히 붙들어 매고 유대감을 형성하기 위해 자신의 미래 모습을 전자 영상으로 생성해 냈다. 미래 자아(굳이 이렇게 분할해서 말한다면)에 대해 생각할 때 우리는 일반적으로 '낯선 사람을 인식하는 뇌 영역'보다는 자아 인식을 담당하는 뇌 영역을 사용해야 한다. 그러기 위한 확실한 방법 한 가지는 개념의 방향 전환이다. 그러니까 현재 자아를 단순히 과거 자아의 미래 자아로 바라봄으로써 현재 자아를 미래 자아에 더 쉽게 투영할 수 있다는 말이다. 즉, 현재 자아는 **곧** 과거 자아의 미래 자아다! 미래의 모든 시간을 현재와 똑같이 대하자. 그 시간이 **나중에** 현재가 될 테니. 그러면 미래는 우리 **자신**의 현재가 될 것이다. 여기서 시제가 엉켜 헷갈리기 쉽다! 그래서 이 개념을 다음과 같이 간단한 도표(79쪽 그림)로 요약해 보았다.

이 시간 병과 관련이 있지만 역행하는 쪽으로 방향을 조금 바꿔 보자. 미래에 확실히 나타날 이익을 위해 만족을 미루는 행위, 이를테면 월터 미셜Walter Mischel(1930~2018)이 그것을 압축적으로 보여 준, 나중을 위해 마시멜로를 남겨 두는 아이들의 행동에 대해 할 말이 많다. 미셜의 '마시멜로 실험'[13]은 아이들이 자신의 환경이나 배경에 따라 다른 전략을 취한다는 사실을 드러내고 그 아이들의 향후 비행非行이나 성공의 강력한 예측 요인이 된다. 실험은 간단하다. 아이들에게 당장 마시

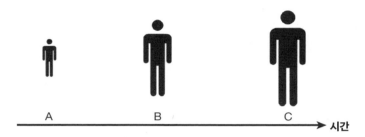

B는 A의 미래 자아지만 C의 과거 자아가 될 것이다. 지금 B의 행동은 C의 과거를 결정할 것이다. 하지만 당연히 C의 과거가 C를 만들었고, 따라서 지금 B의 행동은 C와 C의 과거를 모두 결정한다. 마찬가지로 B는 현재 모습에 대해 A에게 고마워해야 한다. 왜냐하면 B는 A의 미래 자아고 A의 행동은 B의 과거를 결정하기 때문이다.

멜로를 하나 주고서 그것을 먹지 않고 조금 기다리면 하나 더 받을 수 있다고 말한다. 이 실험은 자제력이 핵심이라고 해석되지만 미셸이 주목했듯이 불안정한 사회적 환경에 놓인 아이일수록 마시멜로를 먹을 수 있을 때 먹는 행동은 지극히 합리적이다. 여담이지만, 미셸은 작고 했을 당시 나이가 거의 90세였고 생애 마지막까지 활동했다. 그래서 2015년에 나는 이 책에서 다룬 문제들을 논하는 콘퍼런스에 그를 초청하는 기쁨을 누렸다. 아울러 그가 말년에 시작한, 병원 엑스레이 필름을 이용해 만든 대단히 독창적이고 놀라운 예술 작품을 보고서 큰 감명을 받았다.

이 실험 결과에 따라 실제로 신중함은 훌륭한 자질일 수 있다. 우리는 얼마나 많은 심각한 문제들이 이렇게 단순하면서도 치명적인 시간적 요인(만족을 미룰 수 없음)을 근본적으로 품고 있는지 봐 왔다. 그러나 세네카 이야기로 돌아가면, 이 문제를 극단적으로 받아들여서는 안 된다. 사람은 미래 속에서 **너무 많이** 살면 안 된다. 그것은 실제 삶이 아니다. 균형을 제대로 잡는 게 훌륭한 기술이다. 사실 우리의 오랜 벗인 세네카는 이 점을 정확히 꿰뚫었다.

> 많은 사람들이 이렇게 말하죠. "나는 쉰 살이 되면 느긋하게 쉬엄쉬엄 일하고, 환갑이 되면 직무에서 해방될 거야." 그런데 그때까지 장수한다는 보장이 어디 있습니까? 그런 일들이 계획대로 착착 진행되게 누가 허락해 준답니까? 자신을 위해서는 인생의 자투리를 떼어 놓고 그 많은 시간을 원대한 생각에만 바치며 다른 일에는 쓰지도 못하는 게 부끄럽지 않나요? 인생을 뒤로해야 할 시점에 살기 시작하다니 얼마나 늦은 일입니까! 언젠가는 죽는다는 사실을 외면하고

바람직한 활동을 쉰, 예순까지 미루면서 소수의 사람만이
도달할 나이에 인생을 시작하겠다니 얼마나 어리석은 일인
가요![14]

나도 어렸을 적부터 이런 역전된 문제가 있었음을 바
로 인정해야겠다. 요즘엔 한결 나아졌지만 아주 먼 미래
의 더 나은 삶을 위해 나의 궁색한 현재와 가까운 미래
의 나를 희생하려 드는 일이 잦았다. 10대 초반부터 나
는 이런 행동을 "미래의 나를 만드는 일future-selving"이라
고 불렀다(이 문제는 다음 장에서 다시 얘기하겠다). 특정한
방식으로 행동해 미래의 내가 괴로움을 겪지 않게 하고
미래를 더 좋게 만들 수 있다는 생각이 내게는 절대적 깨
달음이었다(이제야 명백해졌다). 그런 깨달음이 어떤 면에
서는 큰 도움이 됐다. 그러나 어떤 면에서는 매우 좋지
않게 작용했는데, 그 이유는 거의 자학하는 수준으로 연
습에 몰두해서였고 아직도 완전히 회복하지는 못했다(이
문제 자체가 7장의 주제다).

이 시점에서 나의 부끄러운 고백이 불쑥 끼어드는 것
이 허락되길 바라며 그 이야기를 털어놓겠다. 그런 깨달
음이 찾아온 때는 열두 살 무렵이었다. 그 시절 나는 피

아노에 완전히 빠져서는 손끝이 갈라지고 터질 때까지 연습하면서 실력이 일취월장했고 가능성의 바다에서 내가 원하는 미래를 개척하려고 애쓰고 있었다. 그 계기는 TV 프로그램 〈BBC 올해의 젊은 뮤지션〉 경연 대회에서 본 특별하고 현란한 기교가 돋보이는 피아노 연주였다. 바로, 밀리 발라키레프Mili Balakirev의 「이슬라메이」*였는데 나도 그 곡을 연주하고 싶었다(나는 악보를 읽을 수 있기도 전에 그 악보를 사서 암기해 2년도 채 안 되어 그 곡을 쳤다). 나중에 전공을 음악에서 철학으로 바꿨을 때는 매트리스 위에 의자를 놓고는 며칠씩 잠도 자지 않고 쉬지도 않으며 책을 읽었다(5일 기록을 세웠을 때는 환각을 보고 비몽사몽간에 조현병에 가까운 증상까지 겪었다). 그러면서 계속 졸음을 쫓으려고 의자를 흔들어 댔고 방 안에는 나 자신에게 "당장 더 공부해!"라고 쓴 쪽지를 온통 붙여 놓았다. 당시 나는 원하는 미래를 만드는 데 끊임없이 집중했다(그 미래란 내 삶의 **철학자**가 되어 세상은 왜 무無가 아니고 유有인지의 문제를 어떻게든 푸는 것이었다. 소박한 목표였

---

* Islamey. '동양적 환상곡'이라는 부제가 붙은, 엄청나게 어렵기로 유명한 피아노곡

다고나 할까⋯⋯). 그리고 미래의 내가 겪을 고충도 최대한 덜고 싶었다. 돌이켜 보면 완전히 병적이고 괴상망측한 행동이었다.

어떤 면에서는 효과가 있었지만, 사람들에게 미래의 나를 만드는 일을 그런 수준으로까지 권하고 싶지는 않다. 미래의 나에게 하지 않으려고 애쓰는 일을 현재의 나에게 하는 꼴이니까. 나의 현재 자아는 과거 자아에 대한 감정이 좋지 않으며 미래 자아도 틀림없이 현재 자아에게 그런 감정을 느끼면서 "그 인간, 너무 심했어!"라는 반응을 보일 것이다. 카를 융Carl Gustav Jung의 제자 중 한 명인 욜란데 야코비Jolande Jacobi는 이렇게 표현했다. "인생의 전반기는 (⋯) 사실상 후반기의 조짐 속에서 살았다."[15] 젊음은 나중에 할 일에 소모된다. 그 부산물이 인생 후반기의 조짐을 전반기로 역전시키면서 그 전환점을 나타내는 진짜 "중년의 위기"를 예고할 수 있다.[16]

1949년에 나온 팝송 「마음껏 즐겨요(생각보다 늦었어요)Enjoy Yourself(It's Later than You Think)」(허브 매지드슨 작사, 칼 시그먼 작곡)[17]는 내가 아는 철학 문헌의 어떤 예시보다도 그 문제를 잘 표현했다. 아마 세네카도 혀를 내두를 것이다.

당신은 몇 년이고 일하고 또 일하고 계속 일만 해요

잠시도 쉬지 않고 그놈의 돈을 버느라 너무 바빠요

언젠가 백만장자가 되면 즐겁게 지낼 거라고 말하죠

낡은 흔들의자에 앉아 당신이 누릴 즐거움을 모두 상상해 봐요

(후렴)

마음껏 즐겨요, 생각보다 늦었어요

마음껏 즐겨요, 아직 팔팔할 때

세월은 눈 깜짝할 사이에 흘러가 버려요

마음껏 즐겨요, 마음껏 즐겨요, 생각보다 늦었어요

당신은 무슨 일이 있어도 바다로 여행을 떠날 거예요

예약도 해 놓았는데 도저히 떠날 수가 없군요

내년엔 꼭 세상을 구경할 거예요, 정말로 돌아다닐 거예요

하지만 땅속 2미터 아래에 누워 있다면 얼마나 멀리 여행할

수 있을까요?

그런데 이때 미래 자아나 (가령 심한 트라우마나 플래시
백의 경우) 과거 자신과의 **과잉 동일시**가 일어날 수 있다.
하지만 나는 세네카가 이 점을 부풀려 말했다고 생각한
다. 1장에서 언급했듯이 세네카에게는 그럴 만한 이유

가 있었다. 이미 거론했지만, 세네카가 살던 시대에는 인생이 훨씬 더 짧고 불안정했다. 따라서 우리는 그 시대보다 사람들의 건강이 증진된 지금의 노후를 감안해야 한다. 앞으로 거듭 느끼겠지만 인생은 융의 심층 심리학에서 나온 양극, 즉 현명한 **노인**(이성적이고, 과묵하고, 분석적이고, 염려하는 늙은이)과 무모한 **소년**(제멋대로고, 비이성적이고, 제한이 없고, 현재 중심적인 영원한 아이) 사이에서 능숙하게 균형을 잡는 것이어야 한다. 신기하게도 세네카는 본인의 이름이 함의하는 뜻과 달리 카르페 디엠Carpe Diem(이 순간에 충실하라)의 성격을 지닌 **소년** 쪽에 확실히 가깝다. 하지만 이런 카르페 디엠의 생활 방식은 젊은 시절에 세네카식으로 열심히 일한 **후**에야 찾아오기 때문에 자연스러운 짝으로 보이는 **소년** 특성과 젊은이, **노인** 특성과 늙은이의 조합은 뒤바뀌어야 한다.

따라서 이런 특별한 시간 병에는 두 갈래가 있으며 둘 다 극단으로 치달으면 매우 좋지 않다. 이를테면 현재에 치우치는 양상(**소년** 성격 유형과 관련됨)과 미래에 치우치는 양상(**노인** 성격 유형과 관련됨)이다. 두 경우 모두 시간의 한 측면에 **집착해** 다른 측면을 희생하게 된다. 우리가 바라는 이상적인 모습은 양극이 통합되어 만들어지는 원만하고 균형 잡힌 개인이다. 바꿔 말하면 어느 한쪽 시간으로 치우치지 않은 모습이다. 오히려 중년의 전환기까지 유연함을 목표로 삼아야 한다. 그러면 이혼도 많이 예방할 수 있을 것이다. 사실 중년의 위기는 지금까지의 논의와 같은 범주에 속하는 또 다른 시간 병에 지나지 않는다. 이 경우에는 미래의 유한한 경계, 즉 죽음에 대한 인식과 '전성기'가 지나갔다는 생각이 어느 정도 원인이 된다. 이런 상태를 깨달으면 '살고 있지 않은 삶'을 너무 늦기 전에 알아차릴 수 있다. 갑자기 「마음껏 즐겨요(생각보다 늦었어요)」의 가사에 공감이 팍팍 간다.

그런데 우리는 여기서 어려움에 직면한다. 우리의 시간론이 행동 방식에 상당한 영향을 미치고, 그런 이론이 수두룩하기 때문이다. 사람들은 대부분 암묵적인 시간론을 가지고 있어서 누가 물어보면 그 이야기를 꺼낼 수 있겠지만 평소 자기도 모르게 그 시간론에 따라 행동하게 된다. 미래가 '이미 실재'한다고 믿는 사람이라면 미래 자아를 **위해** 행동할 때 무력감을 더 많이 느낄 수도 있다. 그런 믿음은 블록 우주block universe의 양상(모든 사건을 비롯해 과거, 현재, 미래가 사차원 블록인 우주 속에 존재하고 변함없이 그대로 있는 상태)과 같으며 그런 블록 우주론이 오늘날 물리학자들과 철학자들 사이에서 인기가 높지만, 내가 보기에는 끔찍한 실수다. 어쨌거나 미래가 실재한다면 이미 끝난 일이고, 미래 자아에게로 가는 여정은 파핏의 유리 터널이나 다름없다. 이미 일어난 일이고, 기정사실이다.

반면에, 미래가 아직 실재하지 않고 가능성이 우주의 진정한 특성이라고 믿는 사람이라면 **어떤 일이든** 일어날 수 있다는 문제에 직면한다. 아울러 우주 최고 통제 강박자가 아닌 이상, 극히 짧은 시간이 지났을 뿐이어도 어떻게든 미래 자아를 위해 행동하려고 분투할 터이기에 자신의 '미래를 조각하는 일future sculpting'이 예기치 않게 이래저래 가로막히는 문제에 직면한다. 다음 장에서는 이처럼 **미래를 조각**한다는 개념을 융 심리학의 **개성화**individuation 개념과 연결해 더 자세히 살펴보고자 한다. 개성화란 자기 행동의 동인을 이해한다는 의미에서 심리적으로 온전해지는 과정이다. 일단 자신의 행동을 이끄는 동인을 모르면 결국 미래의 자신을 위해 하는 일이 아무 소용없다.

5장
자신을 있는 그대로 들여다보기

나는 매 순간 내 운명을 끌로 깎고 다듬어 만들어 간다.
나는 내 영혼의 목수다.
_잘랄 아드딘 무하마드 루미, 『루미 시선집―사랑하는 이의 품에 안겨』[1]

인간은 자신이 도모하는 것에 지나지 않는다.
_장 폴 사르트르, 『실존주의는 휴머니즘이다』[2]

'나를 던지다 Project Me'*****라는 말은 표면적으로 완전한 자기애를 암시할 수도 있지만 여기서는 전혀 사실이 아니다. 내가 생각하기에 그것은 자기 인생에 근본적인 책임을 지고서 자신의 행동을 일으키는 요인을 알 만큼 정신을 샅샅이 들여다보는 일이다. "나를 던지기"에는 두 가지

• 실존주의 철학의 '기투企投' 개념과 상통한다.

의미가 있다. 첫째, 자신의 미래를 위해 창조적인 노력을 기울이는 것, 둘째, 자신을 세상과 타인에게 무의식적으로 투영하는 행위를 인정하는 것이며 여기에는 자신에게 투영해서 나온 거짓 자아를 인정하는 것도 포함된다. 따라서 자신이 무엇을 투영하고 있는지 알아내야 한다. 그렇지 않으면 세상을 직면하는 게 아니라 자기 안에서 심적 무게에 짓눌린 세상과 세상 사람들의 **이미지**를 보게 된다. 그러므로 이 장에서는 자신의 미래에 대한 **책임**과 더불어, 자기 성격과 잘 맞는 미래를 이끌어 내는 **본래성**을 다룰 것이다.

앞의 장에서 열두 살 무렵 내 인생을 완전히 바꿔 놓은 깨달음에 대해 언급했다. 간단히 설명하면 미래의 내가 겪을 (굳이 말하자면) 많은 괴로움이나 수고, 스트레스를 덜어 줄 일을 **지금 당장** 할 수 있다는 것이었다. 성가시거나 어려운 것을 **하지 않아서** 후회했을 때마다 적절히 행동하기만 했다면 그런 후회막급한 일은 두 번 다시 일어나지 않았을 것이다. 우리는 후회를 없앨 수 있다. 그렇다면 내가 왜 그러지 **않겠는가**? 보통은 그렇게 했다. 미래의 나는 진심으로 고마워했고 때로는 과거의 나에게 소리 내어 고맙다고도 했다. 지금도 가끔 그렇게 고맙다는 소리를 한다.

많은 독자가, 아니 아마 모두가 이런 깨달음이 전혀 인상적이지 않다고 생각하면서 인생의 대수롭지 않은 사실이 아니냐고 할지도 모르겠다. 그러나 우리는 자신이 미래에 미치는 영향을 알든 모르든 간에 항상 최상의 이익에 따라 행동하지는 않음을 이미 보았다. 내가 생각하기에도, **현재**의 올바른 행동이 미래를 위한 일일 수 있다는 말에 많은 이들이 동의하면서도 그런 생각의 큰 파장을 잘 이해하고 있지는 않은 것 같다.

핵심은 미래의 가소성이다. 행동으로 미래를 만들기 위해 우리가 할 수 있는 일이 많다. 하지만 사람들은 종종 행동을 **생각**하는 데서 멈추고 세상이 먼저 움직여 주기를 기대한다. 이는 마술적 사고magical thinking이며 그런 생각의 결과로 신경 세포 몇 개가 약간 다르게 움직이는 것 말고는 세상에 아무런 영향을 미치지 않는다. 의지적 행위는 세상을 움직이는 것을 포함한다. 이는 서문에서 언급한 가지치기 과정이다. 의지적 행위(선택의 기로에서 내린 결정)로 우주가 **될** 모습을 선택하고 그럼으로써 우주가 **될 수도** 있었던 모습을 제거한다는 말인데, 가지치기로 수많은 나뭇가지가 버려지고, 끌질로 대리석 조각이 수없이 깎여 나가는 것과 다를 바 없다. 이 접근법이 타당해지려면 이런 관점을 채택해야 한다. 그렇지 않으면 시점 할인(지연 할인)이라는 치명적인 병으로 일을 망칠 위험이 있다.

기본 개념은 삶을 자신의 창작물이자 모양이 쉽게 바뀔 수 있는 일종의 조각 작품(음악 작품, 혹은 가지치기 비유가 더 잘 와 닿는다면 나무를 동물 모양으로 다듬은 작품)으로 대하고서 바라는 결과를 얻기 위해 지금 당장 올바른 방법으로 조각해야 한다는 것이다. 그런데 자칫하면 자기애에 빠진 거짓 자아의 창조로 퇴화할 수 있으므로 충동적이기보다는 심사숙고하며 조각해야 한다. 올바른 절차를 적용하기만 해도 원하는 형상을 조각할 수 있다.[3] 멋진 음악가가 되고 싶고 그게 자신이 해야 할 일이라고 생각하는가? 그러면 지금 바로 시간을 바쳐라. 그러지 못하게 가로막는 장애물은 당신의 모든 노력과 희생을 즐기는 미래의 음악가를 다른 사람으로 보는 것이다. 남이 당신의 불행에서 득을 볼 이유가 뭐가 있겠는가? 그는 여기서 몇 시간이고 음계를 연습하며 고생하는 당신을 위해 아무것도 하지 않는다.

이번에도 데릭 파핏이 장려하는 경쟁적인 다중 자아 관점이 등장한다. 나는 파핏을 존경하지만, 그의 관점은 답변이 필요한 문제가 많다고 생각한다. 이를 살펴보기 위해 4장에 나온 개념을 적용해 현재의 자신을 있는 그대로 생각해 보자. 지금의 모습이 최근에 가까운 과거와 비교했을 때 낯선 사람처럼 느껴지는가? 아니면 쭉 지속된 모습으로 여전히 나라는 느낌이 드는가? 그때 **자신**이 했던 일들 때문에 지금의 모습이 되었다고 느끼는가? 그때 다르게 행동했다면 그 결과로 지금은 달라졌을 것 같은가? 당신은 앞으로도 똑같이 그렇게 느낄 것이다. 과거가 더 많아졌을 뿐, 그저 동일한 실체로 말이다.[4] 우리는 그것을 **희생**으로 보아서도 안 된다. 우리의 선택에 따른 어떤 가능성(그리고 기껏해야 그 선택에 따라 **가능한** 미래의 나) 말고는 희생되는 게 전혀 없다. 희생에는 다른 것을 위해 무언가를 포기하는 일이 따르지만, 이 경우에는 미래 자아를 위해 현재를 희생한다고 말해서는 안 된다. 오히려 우리는 전반적으로 더 나은 삶을 만들기 위해 단일한 자아에게 그런 식으로 배분하고 있다. 그러려면 우리가 늘 점유한다고 생각하고 의식적으로 경험하는 현재 순간을 만드는 우리의 역할을 인정해야 한다. 따라서 지금 이 순간 우리가 하는 행동이 미래의 현재 순간들에 담길 내용을 어느 정도 결정할 것이다. 이성적인 사람이라면 그것이 질적으로 상승 궤도에 있기를 바랄 것이다.[5] 이타주의도 마찬가지지만 여기서 희생의 개념을 적용한다는 생각은 다중 자아 모델 그리고 경쟁과 결부되어 있다. 자신에게 이타적이라는 발상은 명백한 실수이며 많은 문제의 원인이 된다. 이타주의와 희생의 개념을 단일 자아 개념에 적용하는 것은 "다윈의 자연 선택설은 청록색이다"라는 말처럼 논리적 맥락이 없다.

현대 물리학(구체적으로 말하면, 아인슈타인의 특수 상대성 이론과 일반 상대성 이론) 관점에서 보면 우주는 우리가 그러듯이 사건을 과거, 현재, 미래로 구분하지 않는다는 시각이 일반적이다. 그런 구분은 과거에 일어났고, 현재 일어나고 있고, 미래에 일어날 모든 일을 포함하는 시공간 블록 안에 우리가 박혀 있기 때문에 초래되는 정신적 투영이다. 우리가 이 사차원 세계를 조각내는 방식은 아인슈타인의 말마따나 "지독히도 끈질긴 환영"일 뿐이다.[6] 하지만 나는 그런 관점이 위험하다고 생각하며, 시간에 따른 정체성과 관련된 파핏의 다중 자아 관점에 대한 자연스러운 대응이라고 본다. 파핏의 관점은, 시간이 지나면서 그 자아들이 서로에게 이미 주어진 다양한 관계 속에 서 있고 타인과의 공간적 관계에서 위상의 차이가 없다고 보게끔 강요한다. 게다가 파핏의 관점은 실제로 시간에서도 타인(그리고 그들의 욕구)과의 분리를 미래 자아와의 분리와 다르지 않게 대하도록 요구한다. 공간적 관계보다 시간적 관계를 중시하는 게 **이기적**이라고 할 정도로 말이다. 재미있는 사실은, 자아(시간에 따른 개인의 정체성)의 이런 소멸이 그리 근본적이지는 않아도 불교와 연결되고 무척 잘 통한 덕에 하버드대학교의 윤리학·공중 보건학 교수인 댄 위클러Dan Wikler는 티베트 수도원에서 파핏의 책『이성과 사람Reasons and Persons』에 나오는 구절을 승려들의 게송* 수행에 추가할 수 있었다.[7]

나도 한때는 이른바 블록 우주론의 열렬한 지지자(과학 철학자 존 이어먼John Earman의 표현을 빌리자면 "블록헤드 blockhead"**)였다.[8] 블록 우주론에서는 모든 사건이 변하지 않는 사차원 배열로 펼쳐진다. 알다시피 젊은 시절의 어

---

* 부처의 공덕이나 가르침을 찬탄하는 노래. 외우기 쉽게 게구偈句로 지었다.

** '돌대가리'라는 뜻

리석은 생각이었다. 이제 나는 윌리엄 제임스와 더욱 밀접한 관련이 있는 관점을 지지한다. 공교롭게도 제임스는 "블록 우주"라는 표현을 최초로 사용했으나 비하하는 용어로 쓴 장본인이었다. 그는 그런 입장에 반대했는데 그 이유는 바로 의지적 행위를 통한 가능성과 가능성의 제거(그리고 선택)에 문을 열어 놓지 않는다는 점이었다. 달리 말하면 조각할 여지를 남겨 두지 않는 것이다. 제임스의 표현대로 "블록 세계blockworld"에는 "느슨한 작용"이 없다. 그 대신 "한편으로는 필요성, 다른 한편으로는 불가능성이 현실의 유일한 범주다."⁹ 제임스는 **우주**Universe 라는 관념 자체가 단 하나의 블록을 암시하므로 지나치게 경직된 개념이라고 생각했다. 그래서 "다원적 우주 Pluriverse" 관점에서 생각하기를 좋아했다. 다원적 우주는 조금씩 조금씩 생겨나고 때로는 의식적 개입이 일어나면서 끊임없이 건설 중인 세계다.

실용주의 철학자로 알려진 제임스의 견해에 따르면, 두 가지 대립하는 철학적 관점을 구별할 수 있는 증거가 하나도 없을 때는 (그래서 두 관점이 **순전히** 형이상학적이라면) 삶을 최상으로 만드는 관점을 선택해야 한다.¹⁰ 우리는 세계가 가능성이 없는 블록인지, 아니면 우리가 하는 대로 조각되는 것이어서 우리에게 선택권이 있는지 실제로 알 수 없다. 블록 세계는 말 그대로다. 경직되고, 움직이지 않고, 변형되지 않고, 고정되고, 영원하며, 그와 비슷한 의미의 다른 말들로 표현할 수 있다. 블록 세계는 그 구조 안에 모든 시간을 포함하고 있기에 진화를 이끌 외부 요인이 없으므로 변하지 않는다. 이는 우리의 미래를 다듬어야 할 조각물로 봐야 한다는 생각과 들어맞지 않는다. 사차원 블록에서는 가지치기할 나뭇가지도, 끌로 깎아 낼 여분의 대리석도 없다.

그럼 이제 이러한 자기 창조 프로젝트의 약간 다른(그래도 관련이 있는) 요소로 넘어가 보자. 이 프로젝트에는 앞서 언급한 희생이 진짜로 따른다. 흔히 우리는 무엇이 자신에게 좋은지 매우 잘 알고 있지만 **결정**할 때는 시점 할인만 나타나는 게 아니라 진정한 두려움을 느낀다. 선택의 자유가 있다면 결과도 책임져야 한다. 시간의 일방적인 특성을 고려할 때 결과는 돌이킬 수 없다. 바로 여기에 희생이 있다. 나는 이것이 최고의 희생이라고 생각한다. 우주가 될 수 있는 모습들을 아예 없애 버리기 때문이다(우리가 될 수 있는 모습들의 제거도 포함된다). 이런 희생은 두려움(동기 부여가 잘된 두려움이라고 생각한다. 그런 희생을 두려워하지 않는 사람은 단순히 그것을 이해하지 못하고 있다)의 근원인 동시에 의미의 원천이며, 내가 논하는 창조적 활동에도 매우 중요하다. 사르트르는 이런 식의 무행동inaction을 **자기기만**mauvaise foi이라는 개념에 포함한 것으로 유명하다. 그의 말대로 우리는 "자유를 선고받았다."[11] 안전하고 쉬운 기본 '선택'을 고수하고 다른 가능한 선택지가 많다는 걸 인식하지 못하는 사람은 종잡을 수 없는 세상에 휘둘리게 된다. 그런 사람은 의식이 있는 인간보다는 사물에 가까우며, 사르트르의 용어로 표현하면 "대자 존재being-for-itself"*보다 "즉자 존재being-in-itself"**에 더 가깝다. 많은 사람들이 미래에 무력감을 느낀다. 그들은 미래의 일을 통제할 수 없다고 느끼면

---

* 대자對自는 사르트르의 존재론에서, 자기의식을 가진 인간을 뜻한다. '대자 존재'는 자신을 객관적으로 바라보면서 스스로 성찰할 수 있는 존재다.

** 즉자 존재卽自存在는 그 자체로 있는 존재로, 사물을 뜻한다. 자신에게만 몰두하여 타인이나 주변에 무관심하고 성찰하지 않는 고립적인 상태다.

서 자신이 그 일에 다가가기보다는 그 일이 자신에게 닥치게 내버려둔다. 실제로 이들은 미국의 희극인 그루초 막스Groucho Marx(내가 보기엔 카를 마르크스Karl Marx보다 통찰력이 종종 더 뛰어난 것 같다)가 "인생은 잠시 내가 되기 위한 수십억 개 세포의 변덕이다"[12]라고 한 만담처럼 살고 있다. 그러나 인생은 변덕이 아니다. 아니, 적어도 그럴 필요가 없다. 그 세포들이 무엇을 하고 어디로 갈지는 내가 지시한다. 소파에 누워 있을지, 밖에 나가 운동을 할지는 우주가 아니라 내가 지시한다. 현실의 이런 특징(현실이 흘러가는 양상에 내 역할이 있다)이 얼마나 놀라운지는 마지막 장에서 살펴볼 것이다. 어떻게 보면 현실의 가장 뻔하고 흔한 특징이지만, 곰곰이 생각해 보면 가장 기적적인 특징이다.

지금까지는 '나를 던지기'의 가장 얕은 측면만 살펴봤다. 가장 참된 형태의 개성화는 의식이 과대평가되었음을 보여 준다. 그렇지 않더라도 최소한 우리는 의식이 확장된다는 사실을 확인해 의식이 지하실에 잠복하고 있는 게 아니라 우리를 움직이는 동인임을 알아야 한다. 개성화에는 우리의 성장을 돕고 (그저 인간이 되는 것으로)의식을 확장해 주는 '자연스러운' 형태가 있는가 하면, 능동적인, 다시 말해 자연스럽지 않은 형태도 있다. 거듭 말하지만, 문제는 수동적인 존재가 되어 세상의 영향을 받길 바라는가, 아니면 능동적인 존재가 되어 세상에 영향을 주길 바라는가다. 우리는 자신이 세상일을 바꿀 힘이 있다는 걸 알기에 세상일을 바꾸지 않는 행위는 사르트르가 말한 자기기만의 또 다른 예에 지나지 않는다. 사르트르가 말했듯이 주체가 아니라 객체로서 행동하는 경우다. 객체는 일을 당한다. 무슨 일이 일어나는지 의식하고 있더라도 그것으로는 충분하지 않다. 주관성 역시 수동적일 수 있다. 오히려 중요한 것은 **주체성**이다. 그러니까 세상을 움직이는 일이다. 이런 사실은 우리가 뭔가를 하고 그 일을 완전히 의식하고 있으면서도 그걸 하고 싶지 않을 때가 얼마나 많은지 생각해 보면 충분히 알 수 있다. 우리는 자신에게 반하는 행동을 하는 존재다.

융이 발전시킨 개성화란 의식 아래로 내려가는 것이다. 의식은 여전히 너무 얕다. 만일 의식만이 모든 것을 관장한다면 우리는 자기 파괴적인 행동에 가담하지 않을 것이다. 그런 행동은 당연히 의식 너머의 것이니까.

이것이 바로 심층 심리학이다. 성장 과정을 통제하는 것이자, 우리가 의식이 있는 자아의 산물이라고 믿는 생각을 통제해 분석 대상으로 삼는 것이다. 정신 속으로 점점 더 깊이 들어가는 일이다. 우리가 창조하길 바라는 것에 대한 믿음을 이끄는 과정을 연구하지 않는다면 어떻게 미래를 창조할 수 있겠는가? 우리는 결정에 책임을 져야 한다. 간혹 뭔가 몹시 강렬한 느낌이 들면 그때가 바로 의심해야 할 때다!

융은 현대 철학자들 사이에서는 인기가 없으며 현대 심리학자들 사이에서도 그다지 인기가 많지 않다. 융은 다소 구식으로 여겨지는데, 그 이유를 살펴보면 그가 인간의 사고와 행동을 유도하는 숨겨진 집단적 질서("집단 무의식")가 있다는 기이한 관점을 견지할 뿐 아니라, 이 숨겨진 질서로 말미암아 외부 세계와 내면세계가 의미 있게 일치하는, 그러니까 마치 외부 세계가 우리의 감정적 욕구에 말을 거는 것 같은 우주의 이상한 순간("동시성")이 존재한다고 믿어서다. 그러나 내가 생각하기에 그런 시각은 융의 명예를 실추시키는 매우 유감스러운 일이며, 융의 견해는 당대의 평가대로 기묘하기는 하지만 오늘날 흔히 인식되는 것처럼 그렇게 터무니없지 않다.

실제로 개성화(그리고 추후에 설명할 "그림자")에 대한 융의 생각은 지금까지 인류가 발견한 대단히 중요한 개념 중 하나다. 그런 생각을 무시하는 처사는 위험하다.

융 자신은 늘 파이프 담배를 손에 들고 능글맞게 웃는 좀 건방진 부류였다. 그도 성인군자가 아니었지만 그의 견해를 고려하면 정확히 예상되는 바다. 이 내용은 잠시 후에 설명하겠다. 융은 훗날 인생, 우주, 만물에 관한 성찰을 담은 회고록에 이렇게 썼다. "내 존재의 의미는 삶이 내게 질문을 던졌다는 데 있다."[13] 요약하면 "나 자신이 질문이다"라는 말이다. 융이 설명했듯이 그 질문에 세상이 대신 답하지 않도록 자신이 답하는 게 그의 일이었다. 이것이 바로 내가 장려하는 삶에 대한 접근법이다. 온갖 콤플렉스, 두려움, 그리고 우리가 보이는 행동의 무의식적 동인 아래에서부터 성격을 끌어내어 그에 맞춰 자기를 구축하는 것이다. 사실 철학에서는 '개성화의 문제'가 '개체화'로 치환되며 개인의 가치가 무엇인지 파악하는 문제를 말한다. 이는 어떤 개체를 구별하는 표식이다. 융에게는 그것이 온전한 사람이 되기 위해 무의식적 요소를 밖으로 끌어내는 준설 과정이다. 그렇게 하지 않으면 어딘가에 숨어 있는 신경증이 보이지 않는 무대 뒤에서 우리의 행동을 통제하고 삶을 파괴할 가능성이 항상 존재한다. 살아도 남의 삶을 살게 된다.

물론 개성화에도 현실적인 장벽이 있다. 그 과정을 방해하는 양상이 있는데, 그것이 우리가 밝혀내고자 하는 바다. 어떤 이들은 무지의 장막에 가려 그런 문제에 아예 관심이 없다. 또 어떤 이들은 온전한 느낌을 간절히 원하지만 과거 트라우마의 재생, 특히 애착 문제와 같은 다양한 지뢰가 자신의 길에 설치되어 있음을 종종 발견한다. 안전 기지 없이 자란 사람이라면 그 여파로 어떤 기지가 만들어지든 그곳을 떠날 방법을 찾으려고 몸부림친다.[14] 개성화는 자신을 위해 구축했다고 생각할 수 있는 안전지대를 전부 떠나면서 모든 위험을 줄이는 과정이다. 이때 방어 기제가 충분히 작동하면 자기the self가 상당히 해체될 수 있다. 하지만 극단으로 가면 일부 방어 기제가 자체 보호를 위해 세상에 보여 주는 거짓 창조물과 합쳐지면서 강한 방어 수단이 되어 버린다(이 문제는 7장에서 다룰 것이다).

융이 생각하는 개성화는 다양한 기제의 작용을 찾아내는 것과 관련된 의지적 행위다. 여기에는 꿈, 적극적

상상, 기타 상징 작업 등[15] 온갖 새로운 관찰 방법이 따른다. 물리학자가 원자의 내부 구조를 밝혀내려고 입자 가속기를 개발한 것과 비슷하다. 사람들 대부분이 원자의 내부 구조를 이해하지 않고도 전 세계를 돌아다닐 수 있는 것과 마찬가지로(결국 우리는 그런 물질들을 직접 보지는 못한다) 사람들은 자기의 내부 구조를 이해하지 않고도 이리저리 돌아다닌다. 그러나 이런 상황은 세네카가 말하는 항해를 떠난 게 아니라 그저 "이리저리 밀려다니는" 상태나 다름없다. 인생을 잘 살려면 인생에 대한 이해가 가장 중요하다. 그렇지 않으면 왜 그런 상태가 됐는지 알 수 없고, 파도가 철썩철썩 부딪치는 바위 신세가 되어 다음 파도가 언제, 왜 올지 모르는 채 배를 직접 조종할 방법이 없기 때문이다. 그럼, 마지막에는 무엇이 남을까? 단지 일련의 사건만 남을 것이다. 쇼펜하우어Arthur Schopenhauer는 이런 의식적 접근의 중요성을 다음과 같은 비유를 통해 멋지게 표현했다(실제로 쇼펜하우어는 융에게 영감의 원천이 되었다).

인생의 첫 40년은 본문을 제공하고 나머지 30년은 주석을 제공하는데, 주석 없이는 본문의 참된 의미와 맥락 그리고

그 안에 담긴 교훈을 제대로 이해할 수 없다.[16]

이런 생각의 좋은 점 중 하나는 인생의 힘든 시기가 나중에 인생을 더 잘 읽는 데 도움이 된다는 것이다. 흔히 인생을 이렇게 여러 단계(또는 연령대)로 나눈다. 우리는 이미 **소년**과 **노인**의 충돌을 간략히 이야기했다. 하지만 이를 세분화해 더 정교한 체계로 만드는 방법을 찾아볼 수도 있다. 로마인들은 여기서 더 나누어, 이 양극 사이에 **청년**Juvenis과 **성인**Vir을 두었는데, 이러한 구분법에서 시간에 대한 로마인들의 태도를 엿볼 수 있다. 셰익스피어의 희곡『뜻대로 하세요』의 등장인물 제이퀴즈는 인간의 생애를 일곱 시기로 나누며 인생이 "보모의 품에서 잉잉대고 토하는" 유아로 시작해 막판에는 "다시 유아로 돌아가 전부 망각한 채, 이도 다 빠지고, 눈도 보이지 않고, 아무 맛도 모르고, 모든 걸 잃은 상태"[17]로 끝난다고 말한다. 전망이 썩 좋지는 않다.

개성화의 목표는 **온전한 사람이 되는 것**이자 무의식과 의식을 일치시키는 것이다. 다음 장에서 이런 내부와 외부의 균열로 문제가 발생하는 **영원한 소년 콤플렉스**의 예를 살펴볼 텐데, 그 문제가 '내면의 소리를 따르라'는 식으로 보이지만 실제로 분석되지 않고 무의식적인 행동과 정확히 관련되어 있음을 알게 될 것이다. 앞서 언급한 가능성의 가지치기로 돌아가는 셈이다. 우주에서 미래 전체를 제거할 정도로 강한 결단을 내리려 한다면 이런 과정을 이끄는 힘이 무엇인지 아는 게 좋다! 그 힘이 지휘권을 가진 **자신**인지, 아니면 옛날의 어떤 상처인지 알아야 한다. 우리가 모든 일을 이런 식으로 바라보기를 두려워하는 게 당연하다 보니 최상의 예방책은 개성화다. 결국 자기 생각과 행동, 믿음에 주의를 기울이는 수밖에 없다.

[웅변 시작] 학교에서 아이들에게 심리학(개성화 개념 포함)을 가르치는 수업을 왜 도입하지 않는지 궁금합니다. 결국 우리는 인간이고, 따라서 인간의 (그리고 **우리 자신**의) 마음이 어떻게 작동하는지 알 필요가 있습니다. 화학 실험 도구나 사칙 연산에 대해 알 필요가 있는 것과 마찬가지입니다. 다른 아이들과 함께 있기만 해도 아이들이 그 무리 속으로 들어가 사람의 마음이 어떻게 작동하는지 배우리라 생각합니다만, 이건 완전히 말도 안 되는 소리입니다. 중년에 일어나는 흔한 위기들이 그 증거입니다. 우리는 타인의 외적

행동에 대해서는 알 수 있지만, 내적 삶과 경험을 이해하는 방법은 어디서도 배울 수 없습니다. 하지만 그런 교육이 조기에 이루어지면 온갖 신경증이나 트라우마, 애착 문제, 이혼 그리고 이후에 이어지는 가정 파탄을 막는 데 도움이 될 수 있습니다. 아이들에게 단순히 취업 준비를 시키기보다 **진정한** 의미의 미래를 준비시켜 주십시오. '인생', 이것이 반드시 **가장 주요한** 의무 교육이 되어야 합니다! [끝]

한편 나처럼 (파핏이나 불교도들과 달리) 죽음을 중요하게 여긴다면 https://mainfacts.com/time-life-count-down-timer 사이트로 가서 개성화 과정을 촉진해 '나를 던지는' 여정을 시작해 볼 수 있다. 인생의 남은 날수를 계산해(최상의 시나리오로) 여생을 알아내는 것은 다소 괴로운 일이다. 내 경우에는 100세까지 장수해도 살 날이 2만 563일밖에 남지 않았다. 세네카는 그렇게 말하지 않겠지만 그와 상관없이 내게는 아주 적은 날처럼 들린다. 하지만 목적을 가지고 본래적인 삶을 살지 않는다면 그것은 진정한 삶이 아니다. 그러니 이런 카운트다운을 죽음의 타이머로 여기기보다는 자부심을 느낄 만한 진짜 삶을 만드는 데 남아 있는 날수라고 생각하자.

6장
이리저리 밀려다니는 삶

보리스   뭔가 허전해요.
의사   뭐가요?
보리스   모르겠어요. 제 존재의 중심이 텅 빈 것 같아요.
의사   어떻게 비어 있는 느낌이죠?
보리스   글쎄요…… 공허감이랄까요.
의사   공허감이요?
보리스   네. 한 달 전쯤 완전히 텅 빈 느낌이 들었는데,
          그걸 제가 먹었거든요.

_우디 앨런의 영화 〈사랑과 죽음〉[1]

수프를 먹다 보면 항상 머리카락이 나온다.

_마리 루이제 폰 프란츠, 『영원한 소년과 창조성』[2]

헬턴 고드윈 베인즈Helton Godwin Baynes(1882~1943)는 카를 구스타프 융의 정신 분석학 관점을 지지한 영국인으로, 융의 저작물을 번역했을 뿐만 아니라 꽤 훌륭한 책들을 직접 쓰기도 했다. 베인즈는 융이 쓴 용어 "예비적 삶provisional life"[3]을 해설한 인물로 가장 잘 알려져 있을 것이다. 그는 이런 현상을 "어린애처럼 무책임하고 의존하는 상태"로 묘사하면서 권태라고 명시했다. 그런 양상은 사

춘기에 갇히고 여전히 엄마에게 의존하면서 심리적 발달이 저해된 상태를 가리킨다. 생기가 없는 삶이자, 1장에 인용된 세네카의 표현대로 "항해를 오래 한 게 아니라 한참을 이리저리 밀려다녔을 뿐"이다.

현재 생활 환경이나 계획, 관계를 뭐든 갈아탈 수 있는 빈칸으로 둔 채 상황이 바뀌길 기다리고만 있거나 뭔가 다른 일을 하고 싶어 하면서도 막상 행동하는 법이 없다면 예비적 삶을 사는 것이다. 언제나 다른 곳, 미래, 다른 사람들, 다른 삶의 방식을 기대하면서 가진 것에 절대 만족하지 않고 전념하지도 않으며 그렇다고 해서 바라는 것을 적극적으로 이루기 위해 시간과 노력을 쏟지도 않는다. 이처럼 '언젠가는 최종 결정을 내리겠지' 하는 생각으로 사는 상태를 우리는 "언젠가니즘onedayism"이라고 불러야 할 듯싶다. 세네카는 『루킬리우스에게 보낸 도덕 편지Moral Epistles to Lucilius』 중 「시간 아껴 쓰기에 관하여On Saving Time」 편에서 이렇게 썼다. "매시간을 소중히 잘 쓰게. 오늘을 손에 쥐고 있으면 내일에 덜 매달릴 걸세. 우리가 꾸물거리는 사이 인생은 서둘러 가 버린다네."[4]

예비적 삶은 마음속에 그리는 것이 조금도 실현되지 않는다는 의미에서 비본래적 삶이다. 하지만 일단 마음

속에 뚜렷한 그림이 없는 경우가 대부분이고, 일이 뜻대로 되지 않는다는 막연한 불만감이 안개처럼 퍼져 있을 뿐이다. 즉, 공허감을 느낀다.

융의 가장 유명한 제자 마리 루이제 폰 프란츠Marie -Louise von Franz는 이런 현상을 두고 다음과 같은 느낌이라고 설명한다.

> 현실감이 들지 않는다. 당분간 이것저것 하기는 하지만 여자든 직업이든 아직 진정으로 원하는 대상이 아니며 미래에 언젠가는 진짜가 나타나리라는 환상을 늘 품고 있다. (…) 그런 전형적인 남자가 내내 무서워하는 한 가지는 무언가에 구속되는 것이다. 꼼짝없이 시공간으로 완전히 들어가 어떤 특정한 인간이 된다는 끔찍한 두려움이 있다. 다시 빠져나올 수 없을지도 모르는 상황에 휘말린다는 두려움이 떠나지 않는다. 모든 상황이 그야말로 생지옥이다.[5]

폰 프란츠의 설명은 이렇게 이어진다. "여자를 만나도 딱 이 사람이다 싶은 여자가 없다. 여자 친구로는 괜찮지만……. 결혼이나 어떤 확실한 약속을 가로막는 '하지만'이 늘 따라붙는다."[6] 그런데 이 대목에서 나는 가차 없이 솔직해지고 나를 도마 위에 올려놓으려 한다. 고백 제2편이다. 이 책을 쓰면서 동시에 내 안에 군림하는 **소년**에 대해 한번 써 보려고 계속 시도하는데, 아마도 너무 일찍 노인으로 살았던 것에 정확히 반작용으로 나타난 현상이 아닐까 싶다(어처구니없게도 지금 여기서 하지 말아야 할 행동을 하고 있다. 글쓰기로 이성적인 대처를 하다니!). 이건 내게서 너무나 영국인답지 않은 모습이니 만약 너무 눈꼴사나우면 눈을 가리고 이 단락은 건너뛰어도 좋다.

좀 어수선한 이별과 적잖은 돈 후아니즘Don Juanism(아래 참고)을 겪은 뒤 나는 정말 특별한 여자를 만났다. 하지만 몇 년을 함께했는데도 우리 관계에 '도장을 찍는' 데 애를 먹었다("언젠가는……" 하는 심리가 작용한 것이다. 이 점에서 이 책이 **내게도** 도움이 되리라 기대한다). 이런 심리가 바로 폰 프란츠가 말하는 방해물이다. 그것은 두려움에 기반을 두고 있으며 그 두려움은 어떤 결정을 돌이킬 수 없다는 문제, 다른 가능성을 접어야 하는 상황, 즉 제한과 전념에 초점을 맞춘다. 그런 감정은 회피성을 띤다. 하지만 융이 말했듯이 "삶의 의미는 사는 데 있지, 피하는 데 있지 않다."[7] 우리는 진짜를 원하고, 확실하길 바란다. 그러니 이런 태도는 결국 우리가 원하지 않는 일시성을 부른다. 따라서 불안은 유한성과 짧은 인생의 결과로 발생한다. 나이가 들수록 가능성의 범위가 점점 줄어들다 보니 되도록 많은 가지를 보유해, 가지치기로 가능성과 함께 소중한 인생을 빼앗기는 돌이킬 수 없는 선택을 피하고 싶은 것이다. 간단히 정리하면 인생을 살아가는 동안 우리가 잘라 낼 수 있는 가지의 수는 줄어든다.

이런 "소년 상태puerism"는 어머니 콤플렉스mother complex와 연결되어 있다는 게 일반적인 시각이다. 완벽한 어머니, 그러니까 "완벽한 사랑, 완벽한 따뜻함, 완벽한 조화, 지속적인 관계를 가져다줄 여자"를 찾는 것이다. 그러나 그런 완벽함은 당연히 존재하지 않으므로 소년은 한 대상에서 불완전함을 발견하면 곧바로 다른 대상으로 휙 옮겨 간다. 비현실적일지라도 뭔가 완벽해 보이는 환상에 사로잡힌다(비현실은 분명 최악의 불완전함이건만, 이 지점에서 신경증이 발현한다!).

융은 일반적인 정신 분석 절차에 따라 이 신경증을 그리스 신화의 등장인물인 디오니소스(로마 신화에서는 바쿠스)와 관련지었다. 로마의 시인 오비디우스Ovidius는『변신 이야기』에서 엘레우시스 신비 의식*에 대해 쓰면서 바쿠스를 영원한 젊음(영원한 소년)으로 묘사했다(이 책은 "나르시시즘(자기애)"이라는 용어의 출처이기도 하고, 이 두 가지 병적 성격 유형은 특히 과장이라는 점에서 강한 연관성이 있다). 젊음은 당연히 무책임함으로 정의된다. 바쿠스 콤플렉스Bacchus complex는 어떤 식으로 정형화되지는 않은 듯하나 **영원한 소년**이라는 꼬리표가 일반적으로 붙는 것 같다. 폰 프란츠는 생텍쥐페리의 『어린 왕자』와 관련지어 논의하길 좋아한다.[8]

융 자신은 일만이 병적인 무책임을 고칠 수 있고 반대편 극이나 그림자 원형으로 한 걸음 나아가게 한다고 믿었다.[9] 폰 프란츠는 스승의 관점을 이렇게 기록했다.

> 융이 **영원한 소년** 유형의 남성에게 한 말이 떠오른다. "어떤 일자리를 구하든 상관없어요. 무슨 일이든 간에 이번만은 철저히, 공들여서 하는 게 중요해요." 그러자 그 남성은 딱 맞는 직업을 찾을 수만 있다면 일할 텐데 그런 직업을 찾을 수가 없다고 주장했다. 융은 이렇게 대답했다. "아무래도 괜

---

* 곡물과 농경을 관장하는 대지의 여신 데메테르를 받드는 비밀 종교 의식

찮아요. 바로 옆에 있는 땅 한 뙈기를 구해서 밭을 갈고 거기에 무언가를 심어 보세요. 그게 사업이든, 배움을 얻기 위한 수업이든, 뭐든 간에 이번만큼은 바로 앞에 놓인 그 밭에 몸을 던져 보세요." 누구에게나 자기가 원하면 일할 수 있는 현실의 밭이 눈앞에 있다. 그러니 "내게 딱 맞는 일이면 하겠다"라고 하는 유치한 속임수는 **영원한 소년**의 수많은 자기기만 중 하나다. 그런 사람은 어머니를 떠나지 못할뿐더러 자신을 신과 동일시하는 과대망상에 사로잡혀 있다. 알다시피 신들은 일하지 않는 존재니까.[10]

우리가 보기에 그 남자는 **의미 있는** 일만을 말해야 할 듯싶다. 그런 일을 찾지 못한 청년 바쿠스들은 바위가 굴러 내려오면 다시 산 위로 밀어 올리기를 영원히 반복해야 하는 형벌을 받은 다른 신화 속 인물인 시시포스가 된 기분이 들 것이다. 여기서 서문의 핵심 주제인 '절제'로 돌아가 보자. 융의 말대로 **소년**은 신처럼 한계가 없는 불멸의 존재라고 느낀다. 일이란 제한이 있기 마련인데, 이점이 바로 신에게 어울리든 어울리지 않든 **어떤 일이라도** 하라는 융의 제안에서 핵심이다. 알베르 카뮈는 1942년 작『시지프 신화』에서 인간의 상황을 이 신화에 비유한

것으로 잘 알려져 있다.[11] 그런 상황은 아무 의미가 없는 삶처럼 보인다. 궁극적인 목적이 보이지 않는 투쟁이다. 카뮈의 해법은 융의 해법과 어느 정도 일치한다. 즉 그 투쟁을 인정하고, 자신이 처한 상황의 부조리까지 받아들이며, 다른 곳에서 행복을 찾는 일을 너무 걱정하지 말라는 얘기다.

융이 일의 해법에서 진정으로 원했던 바는 무언가에 몰두하는 행위였다. 무언가 **현실적인** 것에 굴복하고 전념하는 행위였다. 무엇을 할 수 있을지, 그것이 이것보다 얼마나 더 좋을지 생각하며 지평선에서 그냥 쿡 찔러보기보다 자신이 머무는 시간과 공간에 완전히 몰입하는 것이다.[12] 그러려면 신과 같지 않은 자신의 본성을 근본적으로 받아들여야 한다. 그런 인정은 가장 생산적이고 신속한 최선의 수축이다. 게다가 **어른**이 하는 행동이다!

아마도 이를 통해 **소년**의 무기력함 같은 것을 설명할 수 있을 것이다. 나이 듦의 단계와 각 단계에 따르는 자연적 한계를 받아들이지 않으면 죽음이 주는 의미에 접근하지 못하고, 그 결과로 지루함을 느끼며 또다시 뭔가 대단한 것을 찾아 나선다. **소년**은 무제한의 가능성이 인간에게 적합하지 않다는 『주역』에 선뜻 동의한다. 하지만 그는 평범한 인간이 아니라 특별한 존재다! 이런 사실은 복잡한 문제를 피하는 데 꼭 필요하나 현실과 접촉할 때는 단점으로 작용한다. 그런 식으로 제약을 받게 된다. 즉, 제한이 있다. 우리는 양손이 묶인 채 마음대로 할 수 없는 비참하고 부조리한 인간적 상황에 놓이게 되는데 이런 상황이 **영원한 소년**에게는 특히 불쾌한 일이다. 마침 기회가 닿거나 사람들이 자신의 재능을 알아봐 준다면 한번 해 볼 일을 침대에 드러누워 공상하면서 품는 환상과 비교해 보면 실제 결과는 늘 초라하기 마련이다! 현실 세계가 어찌 환상에 근접할 수 있겠는가? 하지만 **소년**이 인생의 중대사에 전념하길 주저하는 모습을 쉽사리 과소평가하거나 비이성적이라고 깎아내려서는 안 된다 (적어도 모든 경우에 그렇지는 않으니까). 오히려 약속의 중요성을 너무 잘 이해할 뿐 아니라 어려운 일에 아무 생각 없이 무작정 뛰어드는 이들보다 실제로 약속을 더 진지하게 받아들일 가능성이 있다. 결정은 창조적인 행위만큼이나 파괴적인 행위일뿐더러 단 하나의 방안만 살려 두고 다른 대안은 모조리 없애 버리니 말이다.

철학자들은 현상과 실재의 구분을 놓고 오랫동안 분투해 왔다. 이상적인 형상(이데아)이라는 개념을 도입한 철학자로 가장 잘 알려져 있는 플라톤은 현실이 이데아의 매우 불완전한 모방일 뿐이라고 했다. 실제로 플라톤의『티마이오스(대화편)』에 기술된 바와 같이 그의 이데아론에는 영지주의靈智主義* 사상과 관련된 전체 이야기가 나오는데, 창조신인 데미우르고스demiurge가 물질세계를 이상적인 형상의 세계(이데아계)에 최대한 일치하게 만들려고 한다는 내용이다. 영지주의 전통은 이 이야기를 받아들여 데미우르고스를 우리가 사는 사악한 세상을 창조한 악당(구약에 나오는 신)으로 바꾸고는 우리가 진정으로 속해 있는 이상적인 정신세계에서 우리를 분리했다.

많은 이들이 특히 연애에 대해 어떤 이상적인 이미지를 염두에 두고 살아간다. 물질세계로는 충분하지 않다고 생각하는 영지주의자들처럼 그 이상적인 이미지를 얻기 위해 노력해야 한다고 생각하는 것이다. 마르셀 프루스트Marcel Proust는 대작『잃어버린 시간을 찾아서』의

• 영적 세계(선)와 물질세계(악)가 대립하는 이원론적 세계관을 바탕에 두고 있으며, 개인의 영적 지식(깨달음)으로 육체를 초월해야 구원받을 수 있다고 믿는다.

3편 「게르망트 쪽」에서 이런 생각을 가장 잘 표현해 놓았다.

> 사랑의 사악한 속임수는, 외부 세계의 여인이 아니라 우리 머릿속의 인형이자 실제로 언제든 불러낼 수 있고 언제까지나 소유할 오직 한 여인을 자꾸만 생각하면서 사랑이 시작된다는 데 있다. 제멋대로 하는 상상만큼이나 거의 절대적인 기억의 자의성 탓에 현실의 발벡이 내가 상상한 발벡과 달랐듯이 상상 속 여인은 현실의 인물과 다르게 만들어졌을 것이다. 그 여인은 현실의 여인을 닮아야 한다는 강요를 받으며 우리에게 점차 해를 끼치는 인형이다.[13]

모든 것이 어느 정도는 우리 머릿속에 있는 인형 같은 대상으로 시작된다. 이 세상이 우리 뇌에서 일어나는 과정으로 얼마간 존재한다는 의미에서 볼 때 우리는 자신의 전체 세계를 투영한다. 본래성의 비결은 안팎을 최대한 충실하게 일치시키려는 노력이다. 자신의 투영을 거두고 세상을 있는 그대로 보거나, 행동을 통해 세상을 자신이 바라는 대로 만드는 일이다.

흥미롭게도 카뮈는 『시지프 신화』에서 돈 후안의 전설

을 언급하며 규칙이나 정해진 질서가 없는 상태를 실질
적으로 받아들여 삶의 부조리에서 벗어나는 방법을 보
여 준다. 카뮈는 자신이 명명한 "부조리한 인간"[14]을 논
하면서 돈 후아니즘을 본질적으로 소년 상태와 연결 지
었다. 부조리한 인간은 실존주의와 일맥상통하는 사람
이다. 여기에는 삶이 궁극적으로 무의미하다는 사실을
(설령 느끼지는 못하더라도) 잘 아는 일이 포함된다. 카뮈
는 돈 후안이 어떤 의미 있는 삶도 추구하지 않는다고 지
적한다.

돈 후안의 이야기는 모차르트의 오페라 「돈 조반니Don
Giovanni」와 바이런 경의 시 「돈 주안Don Juan」에 특히 영감
을 준 널리 사랑받는 오래된 전설이다. 모차르트 오페라
의 전체 제목은 「벌 받은 탕자, 돈 조반니」다.[15] 이 전설은
성적 탈선과 연관이 깊다. 사실 오늘날 '돈 후안'이라는
수식어는 온갖 속임수를 쓰고 전 과정을 게임으로 여기
면서 최대한 많은 여성을 유혹하는 것을 목표로 삼아 '작
업 기술'을 전수하는 경박한 무리를 가리킨다. 하지만 더
깊이 들여다보면 돈 후안의 성적 탈선에는 이상적인 여
성을 찾겠다는 '철부지 같은' 목적이 깔려 있다. 달리 말

하면 '자기가 만들어 낸 인형'을 찾는 꼴이다.

이 전설의 깊이를 고려할 때 돈 후안 같은 사람이 정신 분석 치료를 받는 일은 놀랍지 않다. 아마 가장 유명한 본격적인 연구는 오토 랑크Otto Rank의 저서 『돈 후안 전설The Don Juan Legend』[16]에서 찾을 수 있을 것이다. 프로이트의 제자였던 랑크(위대한 스승의 의견에 이의를 제기하는 배짱을 부려 융과 마찬가지로 파문됨)는 일기 작가이자 소설가이면서 **영원한 소녀**puella aeternus(또는 돈 후아나Don Juana)임을 자부하는 게 분명한 아나이스 닌Anaïs Nïn의 심리 치료사이자 연인이었다. 여성의 창의성에 관한 랑크의 연구가 닌의 과장을 촉발하는 바람에 랑크도 닌이 관계를 맺은 수많은 남자의 목록에 추가된 것이다. 닌은 남편인 휴 길러(관계 중독에 빠진 동반의존자codependent의 전형)에게 빌붙어 사는 동안 랑크 외에도 소설가 헨리 밀러, 작가 고어 비달 등을 비롯해, 그의 일기에 적힌 내용이 사실이라면 심지어 아버지와도 관계했다. 신기하게도 생애 후반에는 루퍼트 폴이라는 한 남자에게 전념했을 뿐 아니라 (비록 악성 자궁 경부암이 그 이유였다 해도) 자신의 유한성을 받아들이는 듯 보였고 더욱 의미 있는 상황에서 생을 마감했다.[17]

랑크의 논의는 우리가 여기서 제기한 주제와 카뮈가 제기한 주제에 정확히 초점을 맞추고 있다. 즉 "개인과 자아ego의 관계 그리고 죽음이 부르는 완전한 파멸의 위협"[18]이다. 랑크는 융의 "그림자" 개념과 사촌 격인 "이중성"이라는 개념을 소개하며 나르키소스 신화, 로버트 루이스 스티븐슨의 『지킬 박사와 하이드』, 오스카 와일드의 『도리언 그레이의 초상』을 비롯해 다양한 신화와 이야기에서 그 개념이 드러나 있음을 발견한다. 하지만 옛 스승의 오이디푸스 콤플렉스적 해석에서 완전히 벗어나지는 못한다. 그래도 의미 없는 상황과 전념하지 못하는 (아울러 절제하지 못하는) 상태의 상관관계는 명백하다.

융에게 이 **소년**은 우리를 움직이는 수많은 원형 중 가장 명확한 예라 할 수 있다. **노인**(현명한 노인)은 그 그림자다. 두 원형 중 어느 한쪽으로 너무 치우쳐 살아도 문제가 생기지만 인생의 단계에서 어긋난 원형으로 살아도 문제가 생긴다. 젊은 시절에 **노인**으로 살고 노년기에 **소년**으로 사는 삶은 재앙을 부르는 지름길이다. 유한한 경계가 어김없이 그 존재를 드러내면서 젊었을 때 잃어버린 기회에 대한 분노를 일으키게 되어 있다.

소년	노인
죽지 않는(무제한적/무한한)	죽는(제한적/유한한)
현재 지향적(미루기)	미래 지향적(불안)
비이성적	이성적
무책임한	책임지는
끄떡없는	취약한
의미 없는	의미 있는

우리는 이전 장들에서 비록 용어는 달라도 이런 현상을 이미 보았다. 사람들은 자신만의 상보적인 선악이 담긴 매우 다른 시간적 균형감을 가지고 있을 수 있다. 123쪽 표를 참고하면 그 내용을 이해하는 데 도움이 될 것이다.[19]

융과 폰 프란츠는 거의 모든 **소년** 특성을 나쁜 것으로 치부하면서 자신들의 "그림자 작업" 원칙(완전히 통합된 전인적인 사람이 되려면 상보적인 두 성격을 모두 조금씩은 가지고 있어야 한다)을 위반한 듯 보였다. 실제로 폰 프란츠의 책 제목도 『*The Problem of the Puer Aeternus*』*였다! 그러나 거

• 직역하면 '영원한 소년의 문제'이나 국내 번역서의 제목은 '영원한 소년과 창조성'이다.

의 모든 성격이 그러하듯 **소년**은 균형 잡힌 전체의 부분이 되어야만 하는 훌륭한 특징이 많다. 더군다나 위 표를 놓고 봐도 현재가 아닌 시간에 너무 빠져 있지 않기 위해서라도 **소년**의 특성이 필요하다. 결국 앞의 5장과 관련해 중요한 점은 자신의 삶을 의식하고 통제하는 일이다.

또 다른 융 학파 정신 분석학자이자 '원형 심리학'으로 알려진 접근법의 창시자인 제임스 힐먼James Hillman은 융과 폰 프란츠와는 완전히 반대 방향으로 나아가는 듯 보였다. 호주의 분석 심리학자 데이비드 테이시David Tacey[20]는 힐먼이 비정상이라고 본 것과 "심리전"을 벌이면서 오히려 **소년**을 찬양하고, **소년**이 꿈을 깨고 현실로 돌아오게 해야 한다는 발상을 비웃었다고(남의 흥을 다 깨어 놓다니!) 말한다.

> 환상을 줄이고, 히스테리를 가라앉히고, 직관에 맞서고, 꿈에서 깨어나 현실을 깨닫고, 시를 산문으로 바꾸라니요. 성性적 관심을 관계로 이끄는 것은 의지입니다. 심각한 손상은 일, 현실성, 희생, 제한, 담금질 등의 행위를 통해 극복되어야 합니다. 얼굴을 들고, 입장을 지키며, 만병통치약 같은 약속을 통해 일시성을 극복해야 합니다.[21]

여기서 또다시 '제한'이라는 말이 나온다. 나는 제한이 곧 의미의 재료라고 주장해 왔다. 선택의 기로에서 우리의 행동은 선택하지 않은 것들을 제거함으로써 세상을 제한한다. 행동을 통한 이런 절제는 의미 있는 실존의 핵심이다. 상승세로 시작할 수도 있지만 그런 한계를 두지 않는다면 삶은 문제를 일으키며 나선형으로 하향 곡선을 그리게 된다. 그러나 그렇다고 해서 잘못된 방향으로 가는 경주마를 훈련하듯 **소년**을 기본적으로 "길들여야" 한다는 융과 폰 프란츠의 생각에 내가 동의한다는 말은 아니다. 여기서 나는 데이비드 테이시가 "그 소년을 하나의 심리 유형이라고 옹호해도 영원한 어린 시절이 아니라 영원한 아이의 상태를 의미할 뿐이다"[22]라고 한 말이 옳다고 생각한다. 다시 말해 문제는 심리학적 프로필이 나이가 들수록 더욱 불미스러워지고 사실상 지속 불가능하다는 점이다. 하지만 힐먼이 설명했듯이 그와 반대 방향으로도 갈 수 있는데 약간의 **소년** 정신으로 "노년의 문제를 해결하는" 방식을 말한다.[23] 이는 위의 표를 보면 명백히 드러나며 두 노선 중 어느 한쪽만을 채택하면 문제가 됨을 알 수 있다.

사실 힐먼이 말하는 차이점은 없다. 힐먼은 융과 폰 프란츠가 제시한 해결책에 자신이 정립한 '**노인**과 **소년**' 개념이 암묵적으로 요구된다는 점을 오해하고 있던 게 분명하다. 일과 기초 훈련은 정확히 **노인**의 특성을 띠는데, 융과 폰 프란츠는 다른 부문에서도 노인의 특성이 지나친 상태로 전념하다(**노인**의 일) 보면 침체로 이어질 수 있다고 지적한다.[24] 테이시는 힐먼이 지금까지 어머니 콤플렉스의 마법에 걸려 있어 외부에서 자신의 상황을 바라볼 기회는 물론, 자신이 어머니 콤플렉스와 **영원한 소년** 현상의 문제가 되는 부분을 정확히 보여 주고 있음을 인식할 기회가 없었다고 해석한다. 나도 동의한다. 힐먼은 늘 "**소년** 문제"라는 말을 탐탁지 않게 여기며 일부러 따옴표를 썼다. 정작 자신이 **영원한 소년** 콤플렉스에 시달렸을 뿐 아니라 **영원한 소년** 콤플렉스가 있다는 콤플렉스에까지 사로잡혀 있던 것이다!

　융과 폰 프란츠처럼 예비적 삶이 아니라 실제 삶에서 일종의 기초 훈련을 제시하는 세네카의 견해와 마찬가지로 우리는 세네카가 이야기를 들려줄 대상으로 삼은 특정 연령대를 고려해야 한다. 파울리누스가 로마에서 성공하기 위해 일찍이 노력한 덕을 보고 삶을 확장한 사실은 의심할 여지가 없지만, 우리는 인생의 어느 단계에서 시간만큼 귀중한 자원을 채워 넣는 데 부적합한 일들을 좇느라 얼마 남지 않은 시간을 다 써 버린다. 아마도 "초기의 소년 상태"가 약간 있다면 그리 나쁘지 않을 것 같다. 하지만 그런 이들이 속도를 늦추지 않는다면 결국 탈진할 수밖에 없다. 빌리 조엘은 「비엔나Vienna」라는 노래에서 "당신은 절반도 못 가서 지쳐 쓰러질 거예요"[24]라고 표현했다. 연예계에서 이런 식의 고통을 받은 **소년들**을 찾아보는 일은 유용한 공부가 된다. 무작위로 뽑은 표본에서 그런 경우가 지나치다 싶을 정도로 수두룩하고 **조기** 사망자('조기premature'라는 말이 딱 들어맞는다)도 많다 (27세에 요절한 예술인들을 묶은 소위 '27 클럽'이 대표적 사례인데 그중에서도 '3J'라 불리는 재니스 조플린, 짐 모리슨, 지미 헨드릭스가 자랑스러운 회원이다).

아마 가장 명백하고 확실한 예는 마이클 잭슨일 것이다. 잭슨은 어른이 되길 바라지 않은 '피터 팬'처럼 살았고 심지어 자기 집 이름을 '네버랜드'라고 지었을 정도였다![26] 물론 그의 소년 상태를 추적해 보면 폭군 같았던 아버지 때문에 어린 시절을 도둑맞았다는 사실을 쉽게 알 수 있다. 그러나 다른 측면에서 마이클 잭슨은 융이 묘사한 **소년**과 닮지 않았는데, 그것은 잭슨이 어떤 기적의 치료도 없이 과도하게 일했기 때문이다. 오히려 점점 더 열심히 일하면서 동시에 점점 더 젊어지려고(결국에는 해로운 성형 수술을 받아 가면서까지) 애쓰는 듯 보였다. 이런 모습은 병리적 문제가 복합적으로 작용했을 가능성이 크며, 완벽주의가 병행된 경우로 볼 수 있다. 비슷한 특색을 보이는 이전의 신동들과 관련된 그런 병적 측면들이 숱하게 존재한다. 그런 신동들이 그 악명 높은 '전환기'에 살아남으려면 **노인**의 특성을 받아들여야만 한다. 그러나 그러지 못하고 종종 어떤 중독에 빠져 신경증에 걸리거나 세상을 등진 사례가 비일비재하다. 여기에 폴란드의 위대한 피아니스트 요제프 호프만Josef Hofmann의 이름도 올릴 수 있다. 호프만은 어린 나이에 이미 몇 년 동안 연주회 활동을 하다가 12세 때 아동학대방지협회의 개입으로 구제되었고, 18세가 되어서야 다시 대중 앞에서 연주할 수 있었다. 하지만 이미 타격을 받았고 훗날 알코올 중독자가 되면서 능력이 점차 손상되었다.

다음 장에서는 **영원한 소년** 콤플렉스 자체와 그것이 한계에 다다랐을 때 일어날 수 있는 재앙을 자세히 살펴볼 것이다.

7장
우리를 약하게 만드는 것이
우리를 인간답게 만든다

바이오 해킹의 제1 법칙을 기억하라. 먼저 자신을 약하게
(또는 늙게) 만드는 것들을 제거한다.

_데이브 아스프리, 『슈퍼 휴먼』[1]

데이브 아스프리Dave Asprey는 180세까지 살겠다는 목표
를 세운 영리한 사업가다. 그는 두뇌와 몸을 위한 "방탄"
건강 제품들을 최적화하여 두루 출시했다. 이 장의 요점
은 방탄이 그 자체로 나쁘다는 게 아니라 올바른 방법으
로 해야 한다는 것이다. 방탄은 자칫 **회피**를 의미할 수 있
다. 융의 제자 중 한 명인 욜란데 야코비는 이 점을 정확

히 표현했다.

> 개성화의 성공에 결정적인 요소는 삶의 길이도 아니고 심
> 리 장애에서 벗어나는 것도 아니다. 이미 보았듯이 상황이
> 좋을 때나 어려울 때나 한결같이 삶을 최대한 살아 내는 것
> 이다.[2]

세네카를 바로 연상시키는 아주 스토아주의자 같은
발언이다. 하지만 야코비는 인생의 단계에 이런 관점을
적용해, "모든 단계가 짧은 시간 속에 압축된 짧은 인생
이라도 젊어서부터 이미 지혜로웠던 수많은 위인에게
서 볼 수 있듯이 완전한 성숙과 원숙으로 이어질 수 있
다"[3]라는 세네카의 견해에 궁극적으로 동의하고 있다.

어떤 공격에도 끄떡없는 '방탄' 상태가 되려는 경향은
자연스럽고 일반적이다. 이는 상처받지 않으려는 욕망
에서 비롯된 것으로, 당연히 이해가 간다. 말하자면 난공
불락이 되는 것이다. 하지만 그 정도가 지나치면 대가를
치르게 된다는 걸 알아야 한다. 새로운 갑옷은 하나같이
자아의 어떤 부분을 그림자 세계로 밀어 넣으며 그 세계
는 보이지 않게 행동을 조종한다. 이런 방탄 상태가 되면

시야에 남아 있는 자아는 무엇이든 감당할 수 있는 강력하고 빛나는 짐승이 된다. 영국의 정신 분석가 진 아런데일Jean Arundale은 이 빛나는 짐승을 "자아 요새the fortress of I"라고 부른다.[4] 이 요새는 그 안에 사는 이를 보호해 주기는 하지만 유아독존의 외로운 존재로 만든다. 실제로는 취약한 내부를 보호하기 위해 생겨나는 딱지에 가깝다. 이 장의 첫머리에 인용한 아스프리의 말은 그런 이미지(예를 들면 완벽한 몸과 마음)를 암시한다. 그 이미지에서 조금이라도 벗어나면 혹독한 조치가 재깍 따를 태세다.

미래의 나를 적극적으로 만들라고 강조하는 것이 어느 정도는 마음에 들 수 있지만 이런 이상화가 병적 현상으로 전락하는 미끄러운 비탈길이 있다. 예를 들면 몸에 대한 집착이 폭식증이나 신체 이형 장애*로 빠르게 발전하는 것이다. 아무리 사소한 편차라도 **결함**이나 약점으로 인식된다. 이런 현상은 주로 여성의 문제로 여겨지는 경향이 있지만, 보디빌딩을 하는 사람들을 괴롭히는 근

---

* body dysmorphic disorder. 특별한 결점이 없는 정상적인 외모인데도 심각한 결점이 있다고 여기는 외모 강박증

육 이상 형태증으로 나타날 수도 있고 근육 강화제를 쓰는 것처럼 건강에 해로울 게 뻔한 습관으로 이어질 수도 있다. 이는 미래를 과대평가하는 상황으로 볼 수 있다. 내가 원하는 미래의 나를 지키려고 현재의 나를 해치는 꼴이다. 오직 이 경우에만 그 이미지가 종종 비현실적이므로 훨씬 더 나쁜 상황이다. 결과적으로 현재 나의 삶도 미래의 나의 삶도 악화된다.

사회적 불안이 이상 형태증dysmorphia으로 귀결되는 현상은 불 보듯 뻔하다. 현실은 이상과 절대 일치할 수 없다. 따라서 나의 결함을 세상에 노출할 순 없는 노릇이니, 그야말로 공포다![5] 이런 상황은 미래 자아를 조각하는 본래성의 요소와 관련이 있다. 창조된 자아가 과거의 트라우마나 콤플렉스의 작용으로 날조되거나 사회적 추세에 맞춰 이식된 이상적인 이미지가 되지 않도록 주의해야 한다.

남성에게서 보이는 중요한 심리적 방탄은 6장에서 논한 **영원한 소년** 콤플렉스다. 이 콤플렉스는 성 역할을 전제로 하며 요즘에는 그다지 인기가 없을 수도 있다. 하지만 나는 이것에서 배울 점이 많다고 생각한다. 융 학파 정신 분석가이자, 스스로 **소년**임을 인정하고 어느 정도

개선된 대릴 샤프Daryl Sharp는 이 콤플렉스의 구체적인 양상을 우리 논의와 딱 들어맞게 아주 잘 표현했다.

소년에게는 다양한 구성 요소가 있는데, 그중 남녀 모두에게 적용되는 핵심은 전념하지 못한다는 점이다. 이는 단순히 관계에만 해당하지 않고 어떤 식으로든 부담이 되는 모든 일에 해당한다. 이들은 완벽한 파트너를 찾는다. 삶에서도 완벽을 추구하지만 만족을 지연하면서까지 끈덕지게 추구하지는 않는다.[6]

소년은 지연된 만족에 실제로 잘 대처하지 못한다. 그것은 절제이자 일종의 약속이기 때문이다. 또한 미래에 대한 약속이기도 하다. 이번에도 대릴 샤프는 이런 생각을 완벽하게 요약했다.

변화를 위한 어떤 단호한 행동도 취하지 않는 동안 앞으로 어떻게 될까, 어떻게 될 수 있을까 하는 환상 속에서 미래 계획은 자취를 감춘다. 소년은 독립과 자유를 갈망하고, 경계와 한계에 짜증이 나며, 어떤 제한도 견딜 수 없다고 생각하는 경향이 있다.[7]

샤프가 계속 지적하듯이 **구속**의 일반적인 이미지가 **소년**을 공포에 떨게 하지만, 감옥의 창살은 소년이 스스로 만든 것이었다. 외부에서 볼 때 해결책은 꽤 간단해 보인다. 탈옥! 선택하고, 결과가 좋든 나쁘든 감수하고 살면 된다. 살라! 그러나 내면에서는 그런 결정이 극심한 공포를 유발한다. 편안함을 벗어던지는 변화라면 뭐가 됐든 잠재적으로 실존적 혼란을 초래한다. 그러니 아예 아무것도 하지 않는 편이 낫다. 안전하게 가자. 그러나 마지막 장에서 논하겠지만 소년을 가두는 진짜 창살은 자유로 가는 길이다. 단호한 의지적 행위의 실행이 아니라면 자유란 대체 무엇이란 말인가? 그것은 행동할 자유다. 그럼, 하나의 결과를 위한 앞서 말한 대안 외에 이 단호한 행동, 즉 그 하나에 전념하는 행위는 무엇인가? 자신을 감옥에 가두는 행위다. 하지만 방탄은 본질적으로 회피적이다. 그리고 위협을 예상한다.

소년 상태(실제로 **성격 장애**라는 의미에서 자기애와 공통점이 있음)의 더 위험한 양상은 과장이나 과시, 곧 무한함으로 이어질 수 있다는 점이다. 뭐, 나쁘게 들리지 않을 수도 있겠지만 자신(또는 타인이나 심지어 세상)의 거창한 이미지를 믿는 사람은 그 이미지에 맞춰 살기가 매우 어려울 것이다.[8] 이런 상태는 신체나 그 일면이 아니라 정체성에 대한 공격으로 나타나는 극단적인 이상 형태증이다. 특정한 방식, 특정한 유형의 자아로 **존재**해야 한다고 믿는데 그런 이상적인 모습에 도달하지 못할 경우, 그때 진짜 소멸의 위험이 틀림없이 찾아온다. 그런 현상은 관계를 맺을 때, 특히 B군 성격 장애[9]를 지닌 이들과의 관계에서 흔히 발생하는데, 언젠가는 그 이미지가 반드시 산산조각 나고 실상을 보기 마련인 사랑의 대상을 처음부터 지나치게 이상화하는 행태로 나타난다. 부모들 또한 자녀를 지나치게 이상화해서 실현 불가능한 이상적인 모습을 만들어 낼 수 있다. 그러면 아이에게 부득이 수치심을 일으킬 수 있으며(실제로 아이가 B군 성격 장애 증상을 보이는 경우가 많다), 자신도 완벽주의 충동을 유지할 수 없게 된다. 앞의 장에서 언급된 신동들과 비슷하게 호주의 피아니스트 제프리 토저Geoffrey Tozer도 그런 안타까운 사례다. 그의 뛰어난 재능은 어머니의 극성스러운 정서적 근친상간으로 발휘되었다. 훗날 토저는 제 기량을 다 펼치지 못하고 낭비하다가 알코올 의존증으로 죽음에 이른 인물로 많은 이들의 기억 속에 남았다.

나르시시즘의 근원이 되는 신화는 오비디우스의 『변신 이야기』 제3권 337행부터 나오는 내용처럼 교훈적인 이야기였다.[10] 자기애는 나르키소스 자신뿐만 아니라 그를 사랑하는 이들에게도 해를 끼쳤다. 그와 연결되지 못해 괴로워했던 이는 에코였다. 그러나 심리학적으로 설명하면 그것은 전혀 자기애가 아니다. **거짓** 자기에 대한 사랑, 곧 자아 요새에 지나지 않는다. 대개 트라우마에 대한 방어적 반응으로 만들거나, 지나치게 높은 기대 속에서 버티며 추가 공격이나 인정 철회로부터 진짜 자기를 보호하려고 만든 건축물이다. 거짓 자기는 정확히 핵심 정체성의 방탄, 즉 정서적 미사일 방어 시스템을 제공하게 되어 있다. 오비디우스의 서사시에 나오는 다음 구절은 그런 점에서 특히 적절하다. "그는 갈급한 눈빛으로 그 허상을 바라보며 자신의 환상 속에 빠진다." 문제는 이렇게 이어진다. "그대가 바라보는 것은 반사된 모습의 그림자일 뿐, 거기에는 그대가 없소."[11] 이런 의미에서 완벽주의자는 삶의 다양한 측면(관계, 자아, 일 등)과 관련해 플라톤주의자들과 비슷하다. 플라톤의 이데아론에 따르면 현실 세계는 결코 이데아(이상적인 형상)에 부응하지 못하며 언제나 동굴 벽에 드리운 빈약한 그림자에 불과하다.

　그래도 어떤 이들은 얼마간 타당한 이유를 제기하면서 **노인** 원형은 현실에 확고한 기반을 두었지만 좀 따분한 반면, **소년** 원형은 흥미진진하다고 생각할 수도 있다. 사실이 그렇다. 하지만 여기서 우리의 관심사는 짧은 시간 동안 제대로 사는 것이다. 대부분의 사람들과 달리 **소년들**은 자의식을 갖고서 살지 않는다. 그들은 심한 콤플렉스에 휘둘린다. 잠시 멈춰 서서, 왜 그런 행동을 하는지 묻는 일은 전혀 재미있지 않다. 기분이 정말 좋을 때는 그렇지 않겠지만! 융 학파 정신 분석가인 제임스 홀리스James Hollis는 개인의 과거에서 비롯된 (부정적인)양상을 "유령의 출몰"[12]이라 일컫는다. 우리는 유령, 즉 집요하게 계속되는 경험 때문에 자주 괴로워한다. 이 대목에서 융이 쓴 다음 구절이 유익하다.

　아이였을 때 부모와 조부모가 자신에게 아무리 많은 죄를 지었더라도 진짜 어른이라면 그 죄를 자신이 고려해야 할 조건으로 받아들일 것이다. 어리석은 자만이 남의 책임에 관심이 있다. 그는 자신에게 이런 질문을 던질 것이다. '나는 누구이기에 이 모든 일이 내게 일어난 걸까?'[13]

융의 다른 글귀와 마찬가지로 여기에도 스토아 철학의 색채가 짙게 배어 있다. 우주에서 수동적인 존재가 될지 능동적인 존재가 될지를 선택하는 문제로 또다시 돌아간다. 이 과제를 수행하려면 델포이의 아폴로 신전에 새겨진 신탁에서 나온 오래된 격언 "너 자신을 알라"를 따라야 한다. 이러한 자기 인식이 없으면 우주에서 수동적인 존재인지 능동적인 존재인지가 정립되지 않는다.

따라서 방탄은 전형적인 신경증의 한 형태로 볼 수 있다. 이를테면, 자기 모습을 받아들이지 못하거나 적어도 자신에게 속하지 않은 요소, 자기도 모르는 사이에 자신을 통제하는 요소를 근절하지 못한 채로 자기 세계를 구축하는 것이다. 다시 말하지만 건강은 별개의 문제일 뿐, 방탄은 난공불락이나 다름없다. 따라서 취약성으로부터의 도피는 자기 학대의 한 형태에 지나지 않는다.

이는 3장에 나오는 사르트르식 비본질주의에 맞선 작은 투쟁이다. 지금 우리는 우리 존재에 어떤 핵심이 있다고 주장하기 때문이다. 만약 우리의 행동을 이끄는 요소들을 명시할 수만 있다면 그 핵심은 우리 존재의 운명이다. 우리의 본질, 우리의 참자아다. 이를 거의 몸의 감각으로 느끼는 순간이 있다. 자신이 **옳은 일을 하고 있다는**

사실을 알 때, 다시 말해 행동이 목적과 일치할 때다. 방탄이란 자신의 결함과 참모습에 편안해지기보다 자신에 대해 마음에 들지 않는 점들을 모조리 덮어 두는 행위이자 자기 그림자 속으로 밀어 넣는 행위다. 융의 **그림자** 개념에 따르면, 아마도 우리 자신을 약하게 만든다고 여겨지는 온갖 버려진 잡동사니가 정신의 다른 곳에 머물며 갖가지 문제를 일으킬 것이다. 우리를 약하게 만드는 것이 종종 우리를 인간답게 만든다.[14]

발달에 매우 중요하고 방탄 개념에 거의 반대되는 것은 낡은 삶을 쓸어버리고 새로운 삶으로 용기 있게 나아가는 행위다. 사실 대단히 상처받기 쉬운 행위다. 그저 의사 결정 트리decision-tree 방식을 잘 이해한다고 해서, 말하자면 한 가지를 선택할 때 나머지 가지들이 사라진다는 사실을 잘 인지하고 있다고 해서 가지치기를 한다고 볼 수는 없다. 그렇게 본다면 와인이나 음악에 관한 책을 읽는 것으로 직접 경험을 대체하길 기대하는 꼴이다.[15] 길을 택하려면 행동이 필요하고, 많은 경우 그런 행위만으로도 대안들을 완전히 차단하기에 충분하다. 예를 들어, 일단 부모가 되면 부모가 "되지 않을" 수 없다! 도저히 피할 수 없는 일이다. 그런 점이 바로 **소년**이 두려워할 만한 이유가 된다. 달리 말하면 현실에서의 자유로운 행동에는 현실적인 중대한 결과가 따른다.

이런 의미에서 개성화는 가능성의 가지들을 치는 핵심이다. 아울러 우리가 사는 세상의 가장 기적적이면서도 흔한 특징, 즉 우리가 우주의 진화를 어느 정도 통제할 수 있다는 점의 핵심으로 똑같이 작용한다. 우리는 아주 작게나마 우주의 구조를 결정한다.[16] 사람들은 대부분 본능적으로 이 사실을 깨닫지만 막중한 책임 앞에서 움츠러들고 작아지는 것 같다. 그런 이들은 오히려 단순히 객체로 변모해 자신을 자연의 흐름에 맡겨 버린다. 실제로 우리가 그렇게 내버려두면 자연은 우리를 데리고 가면서 불가피한 논리로 우리의 미래를 끌고 갈 것이다. 이처럼 불안을 달래려고 명상과 같은 동양의 전통에 호소하는 행위는 최악의 접근법, 즉 결정하지 않으려는 도주 행각으로 보일 수도 있다. **소년**의 무릉도원인 셈이다! 그런 명상 수행에서는 경험이 일차적이고 현재가 우선이지만 현실과 외부 세계에는 아무 흔적도 남지 않는다. 다시 말해 우리가 세상의 모습이 된다. 이런 상태는 해를 입을 자아가 없으니 최대 방탄이다. 여러모로 긍정적인 경험이 될지는 모르겠으나 위기 상황에서 올라오는 불안을 치유하지는 못한다. 회피나 다름없다. 출구는 자유라는 기적을 행하는 것이다. 그러나 뒷맛은 씁쓸하다. 거듭거듭 말하지만 자기 의지가 정말로 자기 의지인지 잘 살펴야 하기 때문이다. 그래야만 겉보기에는 용감해도 실제로는 무모하게 충동적으로 뛰어다니지 않는다. 바로 그런 이유로 개인의 신념과 행동의 숨은 동인을 밝혀내는 개성화 과정이 절대적으로 중요한 것이다. 그 점을 야코비는 이렇게 표현한다.

> 의지의 자유는 의식의 한계까지만 확장된다. 이 한계를 넘어서는 순간 우리는 구별을 멈추고 의식적인 선택과 판단을 할 수 없게 되면서 무의식의 통제되지 않는 충동과 성향으로 넘어간다.[17]

앞서 살펴본 바와 같이 예비적 삶(결정 회피)은 성역이 아니다. 위해(약속)로부터 안전해 보이지만 죽음을 더 가까이 부를 뿐이다.

삶에서 도피한다고 해서 나이 듦과 죽음의 법칙에서 벗어나

지는 못한다. 삶의 필연성에서 빠져나오려고 용쓰는 신경증

환자는 아무것도 얻지 못한 채 노화와 죽음을 끊임없이 미

리 맛보면서 스스로 짐을 지울 뿐이며 그런 모습은 완전히

공허하고 무의미한 삶 때문에 유난히 참혹해 보인다.[18]

방탄은 보호막 뒤에 숨어 있다. 이것이야말로 삶의 도

피다. 아래에 인용하는 폰 프란츠의 말은 마치 이 장의

첫머리에 나오는 인용문에 대한 대답 같다.

고통을 피하려고 바깥에 머물지 않고 삶 속으로, 현실 속으

로 과감히 들어가면 땅과 여성들이 노력의 대상이 되는 비

옥한 밭과 같으며 삶 또한 죽음이라는 사실을 알게 된다. 말

하자면 현실에 자신을 내맡기면 환상에서 깨어나고 그 결말

이 죽음을 맞이하는 일임을 깨닫는 것이다. 삶을 받아들인

다는 말은 가장 깊은 의미로 볼 때 죽음을 받아들인다는 뜻

인데, 이는 소년이 원하지 않는 바다. 소년은 죽는다는 사실

을 받아들이고 싶어 하지 않으며 바로 그런 까닭에 현실 속

으로 들어가고 싶어 하지 않는다. 그 결말이 자기가 약하다

는 사실과 언젠가는 죽을 운명임을 깨닫는 일이기 때문이

다. 그는 자신을 불멸의 존재와 동일시하면서 죽음이라는

쌍둥이 형제를 받아들이지 않지만, 삶 속으로 걸어 들어가면서 그 쌍둥이 형제와 동화될 것이다.[19]

이것이 방탄 상태에 있는 이의 운명이다.[20] 신체와 신체 건강을 어느 정도 방탄 상태로 만드는 일은 좋을 수 있다. 그러나 우리 자아를 방탄 상태로 만들지는 말자. 그러면 외롭고 무의미한 존재가 될 테니까.[21]

8장
삶은 기적이지만 죽음도 기적이다

사람들은 보통 물 위를 걷거나 공중을 걸으면 기적이라고
여긴다. 그러나 나는 진짜 기적이란 물 위나 공중을 걷는
게 아니라 땅 위를 걷는 일이라고 생각한다. 우리는 날마다
스스로 깨닫지도 못하는 기적에 동참하고 있다. 푸른 하늘,
흰 구름, 초록 잎사귀, 아이의 호기심 어린 까만 눈망울
그리고 우리의 두 눈까지, 모든 게 기적이다.

_틱낫한, 『틱낫한 명상』[1]

나는 몹시 냉소적이고 의심이 많은 성격의 소유자다. 앞
의 장에서 명상 수행에 내재한 회피성에 대한 내 발언은
차치하더라도 "마음챙김mindfulness"이라는 개념은(그리고
그 말 자체가) 내 안에 뿌리가 깊은 요크셔 사람의 정서*
를 건드린다. 하지만 그 개념은 이상야릇한 말들과 뉴에

---

* 잉글랜드 북부 요크셔 지역 사람들 특유의 자부심, 고집, 딴지 거는 성향

이지 느낌의 막을 걷어 내면 우리 대부분이 실제로 **현재에 머물고** 있지 않다는 확고한 사실로 요약된다.[2] 우리는 그런 적이 거의 없다. 곳곳에 모든 대상에서 우리가 아는 한, 당위성이 없는 명백한 존재의 기적을 보지 못한다면 일상의 현실을 당연하게 받아들이기 쉽다. 마음은 종종 흩어진다. 현실에 뿌리를 두지 않고 과거와 미래의 다른 일들에 이리저리 끌려다닌다. 이를테면 내일 해야 할 일, 친구에게 한 말, 사랑하는 이에게 해야 했는데 하지 못한 말, 코에 난 점과 그 점이 사람들 눈에 띄는지 따위에 정신이 팔리는 것이다. 마음은 쉬는 법이 없다. 행진하는 악대처럼 줄곧 따라다니는 가상의 청중이 판단하고 거절할까 봐 조심한다. 마음은 눈알처럼 빠르게 돌아간다. 절대 인식하지 못하면서 한시도 가만히 있지 않는다. 행동의 숨은 동인을 의식하지 못하고, 걸핏하면 배신하는 수많은 행동에 당황하고 좌절하는 일이 다반사다. **몽유병** 환자나 다름없다.

이런 상태는 짧든 길든, 실제적이든 일시적이든, 진정한 삶이 아니다. 이런 존재 방식은 융의 비유를 쓰면 거친 바다에서 코르크 마개가 이리저리 흔들리며 떠다니는 꼴이다. 앞서 만난 융의 제자 욜란데 야코비가 표현한

대로 "내가 한다"와 "내가 하는 일을 의식하고 있다"의 차이에 해당한다.[3] 일단 의식이 있고, 그다음에 **의식하고 있음**을 의식하는 상태가 있다. 정말로 주목하고 있음을 자각하는 상태다. 이처럼 한 걸음 뒤로 물러설 수 있어야만 곳곳의 일상적인 기적을 감상할 수 있으며 진정으로 성찰하는 삶을 산다고 말할 수 있다.

철학자이자 소설가인 데이비드 포스터 월리스David Foster Wallace는 2005년 케니언대학교 졸업식 축사에서 진정한 자유의 의미를 이렇게 발언했다. "이 말은 주의를 기울일 대상을 선택하고 경험을 통해 의미를 구성하는 방법을 선택할 수 있을 만큼 자각하고 깨어 있는 상태를 뜻합니다. 어른이 되어서 이런 선택권을 행사하지 못하면 인생이 완전히 망할 것이기 때문이죠."[4] 그의 말은 이렇게 이어진다.

> 유일한 절대적 진실은 자신이 현상을 어떻게 볼지 결정한다는 것입니다. 무엇이 의미 있는 일이고 무엇이 무의미한 일인지 의식적으로 결정하는 거죠. (…) 비결은 날마다 자각하면서 진실을 앞세우는 것입니다.[5]

이 대목에서 내 머릿속에 테런스 매케나Terrence McKenna
의 "근본적 자유radical freedom"라는 개념이 떠오른다. 그
에 따르면 우리는 자신의 몸과 마음, 자아를 통제해야 한
다.[6] 말하는 버섯이 매케나에게(누구에게나 일어날 수 있는
일이다) 한 말이라는 사실을 잠깐 잊는다면 다음과 같은
말은 나무랄 데가 없다. "계획이 있어야 한다. 그렇지 않
으면 다른 사람 계획의 일부가 된다." 세네카도 놀라울
정도로 비슷한 말을 했다.

> 너무 바빠 정신이 없는 사람들은 하나같이 비참한 상태에
> 놓여 있는데, 그중에서도 자기 일이 아닌 일에 정신이 팔려
> 허덕이는 사람이 가장 비참합니다. 그런 이는 남의 잠에 맞
> 춰 자고 남의 걸음에 보조를 맞추지요. 무엇보다 자유로워
> 야 할 사랑하고 미워하는 일조차 명령을 받습니다. 자신의
> 인생이 얼마나 짧은지 알고 싶다면 자기로 온전히 사는 삶
> 이 얼마나 되는지 곰곰이 생각해 봐야 합니다.[7]

이는 5장에서 살펴본 개성화 작업과 어느 정도 상통
한다. 그러나 이런 기반에서 비롯된 또 다른 요소가 있는
데, 위와 같이 그 순간에 온전히 찬란한 세상을 **보는** 일과

더불어, 결정적으로 자신의 알아차림을 주목하는 일이다. 알아차리지 않으면 무의미하다. 만일 기적이 있다면 그것은 우리가 세상에 의미를 부여하기 위해 여기에 있다는 사실이다. 흔히 과학의 발전으로 기적이 없어졌다고들 한다. 우주는 물론, 우리도 무의미한 우발적 사건의 결과일 뿐이라는 이야기다. 빅뱅은 우리가 세상에 올 줄 몰랐다. 미국의 물리학자 스티븐 와인버그Steven Weinberg는 이러한 생각을 과학적 사고방식의 본질적인 부분으로 제시하며 다음과 같이 피력했다.

우리 인간이 우주와 어떤 특별한 관계를 맺고 있으며, 인류가 최초의 3분으로 거슬러 올라가는 짧은 희극 같은 우연한 사건의 잇따른 결과에 불과한 것이 아니라 태초부터 어떻게든 세상에 나오도록 이미 갖추어져 있었다고 믿기를 거부하기는 힘들다. (⋯) 이 모든 것[즉, 지구상의 생명]이 적의에 가득 찬 우주의 아주 작은 부분에 지나지 않는다는 사실을 깨닫기란 어렵다. 더구나 현재의 우주가 말도 못 하게 생소한 초기 상태에서 진화했고 한없는 차가움이나 견딜 수 없는 열 때문에 소멸할 미래에 직면하고 있다는 사실을 깨닫기란 더더욱 어렵다. 우주를 이해하면 할수록 우주는 무의

미해 보이기도 한다.[8]

　나는 인간이 짧은 희극 같은 우연한 사건의 결과라는 와인버그의 냉혹한 물질주의적 관점에 동조할 수 없다. 사실 나는 인간이 우주에 꼭 필요한 창조적 힘이라고 믿는다. 최소한 과학적 세계관은 우주가 **존재**한다는 기적적인 사실과 사람들이 그것에 의미를 부여하는 방식을 부정하면 안 된다. 과학은 존재에 대해(지금까지) 할 말이 없으며 단지 어떤 것들이 존재하고 그것들이 법칙에 따라 어떻게 작용하는지만 말할 수 있다. 그마저도 확고하지 않다. 시간이 실재하는지 아닌지, 미래가 존재하는지 아닌지, 공간이 무한히 나뉠 수 있는지 아닌지에 대한 논쟁(적어도 소크라테스 이전의 철학자인 파르메니데스Parmenides가 살던 시대부터 격론이 이어진 논쟁)을 보기만 해도 알 수 있다. 우리는 여전히 알지 못하며 옛날 사람들과 똑같이 상반된 입장 사이에서 어물어물하고 있다. 물리학의 가장 기본적인 원소의 특성은 물론이고 그것이 존재하는 이유조차 모른다. 하지만 우리의 과학이 이런 가장 중요한 문제들을 적절히 포착하지 못한다고 해서 그 문제들을 무시하는 것은 또 얼마나 편협한 생각인가? 영국의 천문학자 아서 에딩턴Arthur Eddington 경의 말대로 뭐든 너무 작아서 어부의 그물에 잡히지 않는 것은 존재하지 않는다고 말하는 편이 차라리 낫겠다.

어쨌든 149쪽 인용 구절에서 "이해하면 할수록"이 의미하는 바에 따라 많은 것이 달라진다. 와인버그는 순전히 물리학 법칙을 통한 이해를 고려하고 있다. 많은 현대 물리학자들과 마찬가지로, 일단 기본 입자의 세부 사항을 파악하면 나머지는 다 해결된다고 생각한다. 그러나 말도 안 되는 소리다. 가령 초끈 이론의 측면에서 만물 이론을 찾아본들 의미가 설명되지 않고 존재의 수수께끼도 풀리지 않는다. 이런 이론으로는 근원을 찾는 느낌이 없다. 모든 것이 이치에 맞게끔 작용하는 보이지 않는 질서가 없다. 우주를 이해한다는 것은 우주와 관련된 모든 것을 이해한다는 뜻이며 거기에는 인간과 의미도 포함된다. 우주에서 인간의 역할을 이해하는 것은 와인버그와 정반대의 결론으로 이어진다. 3장 앞머리에 인용된 로저 펜로즈의 발언인 '사람들이 없는 세상은 사실상 무의미하다'는 반코페르니쿠스적 결론이다. 그렇지 않다는 생각은 오늘날 과학 개념의 오만함이 빚은 산물일 뿐이다.

사실 와인버그의 각박한 견해는 다른 여러 훌륭한 물리학자들도 동조하지 않는다. 텍사스대학교에서 와인버그의 동료였던 존 휠러John Wheeler도 정반대의 견해를 지지했는데, 휠러의 생각은 펜로즈보다 한층 더 나아간다.

> 오늘날 우리는 인간이 거대한 기계의 작동과 실제로 별 차이가 없는 작은 톱니바퀴가 아니고 오히려 인간과 우주 사이에 지금까지 짐작했던 것보다 훨씬 더 끈끈한 유대가 있지 않을까, 추측하기 시작했다고 생각합니다! 물리적 세계는 어떤 심오한 의미에서 인간과 결부되어 있습니다.[9]

우주는 우리가 없다면 무의미할 뿐만 아니라, **상상할 수도 없다**고 주장하고 싶다. 인간이 없는 세상을 상상하는 일이 전혀 어렵지 않다고 생각하는 사람도 있겠지만 그런 상상은 여전히 주관적인 관점에서 나온다. 인간의 주관성은 우주를 움직이는 동력이다. 우리는 서로에게 필요한 존재다. 이 경우 인류는 우주가 존재하는 신비의 한가운데에 우뚝 서 있다. 휠러는 와인버그가 그러려고 했듯이 물리학만으로 모든 것을 이해하려는 행위는 미친 짓이라고 생각했다. 즉, 인간이 없으면 의미가 없고, 의미가 없으면 이유가 없다.[10] 아주 비슷한 맥락에서 융은 회고록『카를 융, 기억 꿈 사상』에 이렇게 썼다.

> 인간은 창조의 완성에 없어서는 안 될 존재다. 사실 그 자신 이 세상의 두 번째 창조자로서 단독으로 세상에 객관적 실재 성을 부여했다. 그렇지 않았다면 세상은 수억 년 동안 소리 를 내지도 모습을 보이지도 않은 채 조용히 먹고, 새끼를 낳 고, 죽고, 고개만 까딱까딱하면서 가장 깊은 밤 속에서 비존 재non-being로 미지의 끝까지 계속되었을 것이다. 그러나 인간 의 의식은 객관적인 실재와 의미를 창조했고, 인간은 존재 being의 위대한 과정에 없어서는 안 될 자기 자리를 찾았다.[11]

혼돈에서 질서를 만들고 잠재성을 실재와 객관으로 바 꾸면서 그런 모습을 투영할 주체가 없다면 우주는 객체 가 아니다. 우리는 그런 이중성 안에 함께 묶여 있는데, 바로 그곳에서 의미가 발생한다.[12] 이러한 우주의 창조에 책임을 지는 것보다 큰 삶의 의미가 과연 존재할까?[13]

우주는 삶을 종료시켜 우리에게 의미를 제공함으로써 은혜를 갚는다. 이는 삶보다 덜한 기적으로 보일지 모르지만, 과장이 아니라 정말 기적과도 같은 일이다. 죽음은 필연적 진리가 아니다. 이런 식이 아니었을 수도 있고, 우리가 다르게 생각한다고 해서 모순이 되지도 않는다. 삶이 줄어드는 것 또한 눈여겨볼 점이다. 더욱이 세상이 존재한다는 사실과 더불어 그 근거가 부족해 보인다는 점에 주목하면 이내 세상이 존재할 필요가 없었다는 생각에 이른다. 불안을 일으키는 생각이다. 쇼펜하우어가 말했듯이 "형이상학의 쉬지 않는 시계를 계속 움직이게 하는 불안은 이 세상이 존재하는 것과 마찬가지로 존재하지 않을 수도 있다는 자각이다." 쇼펜하우어 역시 존재의 문제를 고찰하고픈 욕구를 죽음이 주는 한계와 연결했다.

> 우리 삶에 끝이 없고 고통이 없다면 세상이 왜 존재하며 그런 모습인지 묻는 사람이 없을 테고, 오히려 모든 것이 당연하게만 여겨질 것이다.[14]

흔히 삶(존재)은 기적, 죽음(비존재)은 그 반대 힘, 즉 투쟁해야 하는 대상(아마도 악)이라고들 말한다. 이런 일반적인 양극성은 우리가 죽음이 제공하는 시간적 경계와 무상함을 통해 죽음을 바라볼 때 피할 수 있다. 이때 우리는 삶을 현실 영역으로 가져오고 한낱 가능성(우리가 보았듯이 삶이라 할 수 없는 일시성)에서 끄집어내는 선택지들 앞에서 결정할 수 있게 하는 것이 죽음이라는 시각이 필요하다. 독일의 소설가 토마스 만Thomas Mann은 이 점을 가장 훌륭하게 표현했다.

내가 믿는 것, 가장 중요시하는 것은 덧없음이다.

하지만 덧없음, 곧 삶의 소멸성은 몹시 슬픈 일이 아닌가? 그렇지 않다! 그것이야말로 존재의 핵심이다. 삶에 가치와 존엄성 그리고 흥미를 부여한다. 덧없음은 시간을 창조하며, "시간은 본질"이다. 어쩌면 시간은 최고의 선물이자 가장 유용한 선물이리라.

시간은 창조적이고 능동적인 모든 것, 더 높은 목표를 향한 모든 진보와 관련이 있다. 아니, 동일하다.

덧없음이 없다면, 시작과 끝 그리고 탄생과 죽음이 없다면 시간도 없다. 영원함은 절대 끝나지도 않고 시작하지도 않는 시간이라는 의미에서 정체된 무無다. 전혀 흥미롭지 않은 상태다.

삶은 엄청나게 끈질긴 지속력의 지배를 받는다. 그렇다고

해도 그 존재는 조건부로 남아 있으며, 시작이 있었기에 끝
도 있을 것이다. 바로 그런 이유로 삶의 가치와 매력이 어마
어마하게 증가한다고 나는 믿는다.[15]

위의 글은 내가 이 작은 책에서 풀어내려 했던 신조를
깔끔히 요약해 놓았다. 위대한 인물 가운데 한 명이 간추
린 내용일 뿐이지만, 만의 요약은 앞서 살펴본 수천 년에
걸친 똑같은 내용, 그중에서도 세네카의 조언과 다르지
않다. 만이 말하는 "정체된 무"는 세네카가 말한 "한참
을 이리저리 밀려다니는 상태"이자 융이 말하는 "예비적
삶"이다.

마찬가지로 위대한 수필가(수필 형식의 창시자로 널리 알
려진 인물)인 미셸 드 몽테뉴Michel de Montaigne는 르네상스
시대의 자기 계발서로 볼 수 있는 문집을 냈는데, 「철학
공부란 죽는 법을 배우는 일이다」(1580년)라는 제목의
글에 인생의 짧음에 관한 세네카의 저작을 업데이트한
내용이 나온다.

우리 생애의 궁극적인 목적은 죽음이다. 죽음은 우리가 지

향하는 필연적인 목표다. 그러니 그것이 두렵다면 어떻게 떨지 않고 한 발짝이라도 나아갈 수 있겠는가? 보통 사람들은 죽음을 생각하지 않음으로써 해법을 찾는다. 하지만 얼마나 무지몽매하면 그렇게 완전히 눈이 멀 수 있단 말인가? 그것은 당나귀 꼬리에 굴레를 씌워 끌고 가려는 꼴이다.

죽음은 우주 질서의 일부이자 세상살이의 일부다.[16]

플라톤의 견해를 보면 (『파이돈』 67e에 나오는 내용, 즉 소크라테스가 독약을 마시기 전에 한 발언이 담긴 대화에 나오는 대로) 철학은 무엇보다도 일종의 "죽음을 대비하는 훈련"(영혼과 육체의 분리로 이해됨)이었다. 철학자의 생활 방식이 초연하고 청정하다 보니(플라톤은 술과 섹스, 육체적 쾌락 등을 멀리하며 살아야 한다고 주장함) 그 근거가 매우 불교적으로 보인다. 하지만 더 중요한 사실은 철학자가 이미 영원불변의 형상(이데아)을 경험했다는 것이며 이는 일반적인 감각적 경험이 아니라 철학자에게 생계다. 철학이 육체와 대립하고 불멸의 영혼이 육신을 벗는 게 죽음이라면 우리는 플라톤의 주장을 받아들일 수 있다. 그러나 우리가 이런 부담스럽고 케케묵은 견해를 받아들이지 않더라도 철학은 죽음을 세상에 나쁜 영향을 주는 것이 아니라 좋은 일로 이해하는 정신적 도구를 제공함으로써 죽음을 대비하게 돕는 역할을 여전히 수행할 수 있다.

나는 죽음이 주는 **한계**가 매우 중요하다고 주장했다. 그것은 우리를 살려 내는 번쩍번쩍 빛나는 커다란 네온사인처럼 작동한다. 그런 한계는 위기의 순간에 가장 적나라하게 드러난다. 살다 보면 갈림길에 서 있음을 절감하거나 벼랑 끝에 선 느낌이 들 때가 있다. 바로 불안감인데, 그렇게 느끼는 까닭은 그런 순간에 자신이 어떤 가능성을 돌이킬 수 없는 방식으로 잘라 내고 있다는 걸 알고 있어서다. 나는 불안이 중요하므로 합리적이라고 주장했다. 이런 불안은 종종 중년에 찾아온다. 우리 자신이 인생의 전환점, 기껏해야 인생의 중간쯤에 와 있다는 사실도 알고 있다. 이 시기에는 선택지가 점점 더 한정되므로 결정의 중요성이 더 커지는 것 같다. 실제로 '위기 crisis(크라이시스)'라는 단어는 '결정하다'라는 뜻의 그리스어 'krinein(크리네인)'에서 유래했다. 하지만 결정하지 않는 것은 실제가 아닌 상황에서 사는 일이며 이런 상황에서는 모든 가능성이 여전히 펼쳐져 있다. 이렇게 선택의 여지를 열어 놓는 일은 금융 포트폴리오를 영리하게 관리하는 것과 유사하게 똑똑한 듯 보일지 몰라도, 그렇게 살다 보면 현실에서 동떨어지고 정체되며 인생의 끝으로 갈수록(노인학이 아무리 발전해도 막을 수 없다고 생각한다) 실제로 덜 산 꼴이 된다. 더구나 가능성은 개인의 의지나 의식적인 계획 때문이 아니라 비인간적인 시간의 흐름으로 말미암아 계속 잘려 나간다. 이래서는 아무것도 함양할 수 없다. 아무 말도 하지 못한다. 우주가 던진 질문, 융의 방식으로 말하자면 '너는 누구인가?'에도 답할 수 없다.

삶은 기적이지만 죽음도 기적이다. 죽음은 의미가 탄생하는 곳이자 성장이 일어나는 곳이다. 정통 생물학에서조차 죽음은 이런 식으로 생명 체계에서 중요하다. 영국의 생태학자 마이클 우들리 오브 메니Michael Woodley of Menie('우들리 오브 메니'는 스코틀랜드식 성姓이며 메니의 영주 아들인 마이클 우들리를 말함)가 언급했듯이 죽음과 어떤 식의 제약이 얼마나 중요한지를 정확히 보여 주는 신기한 생물학적 사례가 있다.[17] 우들리 오브 메니는 인종과 지능 문제 연구로 논란이 많은 인물이긴 하나 흥미로운 주장을 했다. 우리가 점점 더 안이하게 살아가다 보니 점점 더 바보가 되어 간다는 것이다. 빅토리아 시대 이후 서양에서 일반 지능의 평균이 떨어졌다고 보는 이른바 "우들리 효과"다. 생존은 이제 별문제가 아니다. 쇼펜하우어도 의문을 품는 마음, 고통과 괴로움의 연관성에 대해 언급하면서 사실상 똑같은 주장을 했으니 "쇼펜하우어 효과"라고 부르는 게 낫겠다.

우들리는 존 B. 캘훈John B. Calhoun의 연구를 바탕으로 이런 예를 들었다.[18]

'유토피아적' 환경, 그러니까 자원이 풍부하고 포식자가 없는 조건에서 자란 쥐 군집이 처음에는 개체 수가 지속적으로 증가하는 단계를 거쳤지만 결국에는 번식을 멈추고 멸종했습니다. 특히 그 군집의 존속이 끝날 무렵에는 쥐들이 자폐증 비슷한 행동 등 여러 가지 이상 행동을 보였죠.[19]

쥐들은 제약의 결여로 "의미를 잃었고" 정체되었다. 우들리는 이런 현상을 인간에게까지 확대 적용해 "오늘날 현대화된 인간 집단에도 동일한 과정이 진행되고 있다는 증거가 있습니다"[20]라고 주장했다. 다소 과장되기는 했으나 여기에 일말의 진실이 있음을 부인하기는 어렵다. 우리가 점점 더 많은 질병을 치료하고 아무 지장 없이 편안하게 살아갈수록 그 쥐들처럼 정체될 위험이 있고, 생명체의 멸종이든 문화와 가치의 소멸이든 어떤 식의 붕괴가 일어날 수 있다.[21] 어느 정도의 편안함을 얻었더라도 불편한 환경에서 시작한 사람들은 이 말 속에 담긴 진실을 잘 알고 있다. 모든 욕구가 충족된 상태에서는 새로운 생각과 맞붙고 창의력을 발휘하기가 훨씬 더 어렵다는 얘기다. 어떤 투쟁이나 대결이 필요하다. 한낱 책 원고 마감일이라는 형태가 될지라도 장벽이 필요하다.

그럼, 이런 생각 중 몇 가지를 앞의 주제들과 관련지어 정리해 보겠다. 아울러 의미 있는 삶을 위한 죽음의 중요성에 관해 표면적으로 유사한 다른 의견들과 구별해 우리의 접근법을 서술해 보겠다. 첫째, 우리는 저마다 특정한 가능성 구조를 품고 다니며 세상에(그리고 우리 자신에게) 적절히 작용할 수 있는 분기 구조를 이루는 **가능성의 범위**를 가졌다고 볼 수 있다. 그 양상은 각자 다른 환경에서 다른 장단점을 지니고 태어나기에 가지각색일 것이다. 거기로 이끄는, 상상할 수 있는 일련의 의지적 행위가 없을 수도 있다는 점에서 누군가에게 가능한 일이 다른 누군가에게는 불가능할 수 있다. 개인의 가능성 범위라는 구조에는 행운이든 불운이든 많은 운이 존재한다. 선택의 기로(분기점)에서 내리는 결정은 가능성 범위에 자연스레 영향을 미치며 일부 가능성을 영구적으로 차단하거나 거의 불가능하게 만든다.

음악의 경우를 예로 들어 보겠다(다른 분야를 골라도 쉽게 일반화할 수 있을 것이다). 바이올린과 피아노, 이렇게 두 악기를 좋아한다고 가정해 보자. 그런데 연주 실력이 대단히 뛰어난 거장이 되고 싶다. 나이가 어리고 재능이 충분하다면 바이올린의 거장이나 피아노의 거장이 될 수 있는 수준에 도달하겠지만 두 마리 토끼를 다 잡을 수는 없다고 가정하자(그런 경지에 이르는 데 필요한 사항을 고려하면 합당한 전제다). 바이올린을 선택하고는 한 가지(피아노의 거장)와 함께 그 가지에 따른 모든 가능성을 잘라 내어 가능성 구조에서 진로를 실현한다. 그렇지 않으면 최소한 그 가지에 **손상**을 입혀 가지가 금세 죽어 갈 것이다. 잠시 마음을 바꿀 기회가 있지만 시간이 지날수록 노화 과정과 유한하고 엄격한 죽음의 경계가 확고해지면서 가능성 구조는 계속 변해 간다.

이제 우리의 결정은 그런 가능성에 분명히 영향을 미친다. 그 결과로 물리적 변화가 일어나기 때문에 우주는 당연히 그래야 한다는 듯이 그 경로를 쫓아간다. 다시 말하면 세상이 우리의 결정과 일치되어 우리가 가는 대로 그 가능성 구조를 바꾸는 것이다.[22] 이 점이 바로 이 장에서 논한 흔하지만 기적적인 특징이다. 즉 우주가 돌아가는 방식에 우리가 건설적인 역할을 하게 된다는 것이다. 눈 위에 발자국을 남기는 것은 우주에 발자국을 남기는 일이다. 우리는 우주를 바꿀 수 있다. 발자국이 클수록 우주의 구조와 진화에 더 큰 변화를 일으킨다. 우리에게 부여된 바로 그 가능성 구조는 먼저 우주가 우리에게 두는 엄격한 제한에 따라 좌우된다. 우주가 우리의 제약을 받듯이 우리도 우주의 제약을 받기 때문이다.

인생이 짧지 않다면 우리는 애초에 그런 선택의 문제와 가능성의 가지치기라는 문제에 직면하지 않는다. 하지만 이런 선택은 의미 있는 삶과 자유롭고 목적이 있는 삶의 근간이다. 선택은 의미의 재료다. 따라서 제한(우주가 쇠퇴와 죽음의 형태로 부여함)과 가능성의 신기한 상호작용이 존재하며 그 안에서 우리는 우주와 춤을 추고 서로에게 의미 있는 것을 선물한다. 서로 의미 자체를 선물한다. 인생의 짧음에 관한 세네카의 견해보다 훨씬 더 나아가는 모습이다. 인생은 우리가 그것을 낭비할 때만 짧은 게 아니다. 바로 그 짧음이 인생의 본질이다.

이제 우로보로스°가 된 양, 절제의 필요성에 대한 『주역』의 신비로운 설명으로 시작했던 지점에서 끝을 맺어보자. 다음은 서문의 첫머리에 인용한 구절에서 잘린 나머지 부분이다.

> 강인한 사람이 되려면 제약이 필요하며 그것을 삶의 의무로 정하고 자발적으로 받아들여야 한다. 이런 제약에 둘러싸여 자신의 의무를 스스로 결정해야만 자유로운 정신으로서 의미를 얻는다.[23]
> _「주역」60번째 괘

° Ouroboros. 자기 꼬리를 물어 삼키는 뱀이나 용의 형상으로 고대 신화에 등장하는 상징적 존재로서 시작과 끝이 반복되는 윤회와 영원을 상징한다.

선택의 기로에서 선택과 결정(절제: 어떤 선택을 위해 다른 선택지 버리기)이 없다면 행동의 자유도 없다.

이 간단한『주역』의 60번째 괘에서 우리 논의의 핵심을 이루는 두 가지 상반되는 개념인 **소년**(자유)과 **노인**(한계)의 변증법적 해결책을 찾을 수 있으며 그것은 조지 오웰George Orwell의『1984』에 나오는 이중 사고*에 가까워 보인다.

자유는 절제다

이런 깨달음을 품고서, 영원한 죽음으로 끝나는 짧은 인생을 비롯해 장애물로 보이지만 실제로는 의미 있는 실존에 꼭 필요한 삶의 부분을 좀 더 깊이 음미하길 바라며 우리는 결론을 내린다. 사실 '삶의 의미'에 대해 이야기하는 게 일반적이지만, 이 책에서는 '죽음의 의미'를 더 중요하고 실제로 더 근본적인 문제로 보고 초점을 맞췄다. 이 문제에 대한 대답은 죽음 자체가 삶의 '의미의 원천'이라는 것이다. 아울러 죽음은 우리에게 진정으로

---

* doublethink. 두 가지 모순되는 내용을 동시에 받아들이는 사고방식

살라고 명하면서 자신이 바라는 삶이 무엇인지 그리고
자신이 누구인지 생각하게 한다. 또한 죽음은 우리 자신
을 알고 그에 따라 세상에서 행동하며 미래를 어떻게 만
들어 갈지 숙고하게 한다.

책 첫머리 인용구

1 윌리엄 스타이그_{William Steig}의 『도미니크_{Dominic}』(비룡소, 2020).

서문

1 대릴 샤프_{Daryl Sharp}의 책 『*Jungian Psychology Unplugged*』(Inner City Books, 1998)에 인용된 『주역』의 60번째 괘.

2 제임스 롬_{James Romm}이 세네카의 『인생의 짧음에 관하여_{De Brevitate Vitae}』를 새로 편역한 책 『*How to Have a Life: An Ancient Guide to Using Our Time Wisely*』(Princeton University Press, 2022)를 참고했다.

1장
다시 보는 인생의 유한함

1   세네카의 『인생의 짧음에 관하여』 중 1장.

2   초기 철학은 거의 가르치고 개선하려 들지 않는 오늘날의 철학
    보다 자기 계발의 성격이 강했다. 관심사가 인격 수양과 좋은 삶
    (그리스어로 **에우다이모니아**eudaimonia)인 경우가 많았다. 피에르 아
    도Pierre Hadot의 훌륭한 저서 『*Philosophy as a Way of Life*』(Michael
    Chase 옮김, Blackwell, 1995)를 보면 "영적 훈련"이라는 실용적인
    개념(고대의 '인생 꿀팁'이라 불러도 좋음)을 통해 바로 이런 자기
    계발의 측면이 잘 설명되어 있는데 그 내용을 참고하기 바란다.

3   당초의 이야기가 궁금하면 고대 로마의 역사가이자 정치가
    인 타키투스Tacitus가 저술한 『타키투스의 연대기』(종합출판범우,
    2005)를 참고하기 바란다. 최근에 나온 괜찮은 세네카 전기로
    는 에밀리 윌슨Emily Wilson의 『*Seneca: A Life*』(Penguin, 2014)가 있
    다. 제임스 커James Ker의 『*The Deaths of Seneca*』(Oxford University
    Press, 2013)에는 세네카의 죽음에 관해 아마 기대했던 것보다 자
    세한 내용이 나올 것이다!

4   루크레티우스의 『사물의 본성에 관하여』(아카넷, 2012)를 참고
    했다. 독일의 철학자 프리드리히 빌헬름 요제프 폰 셸링Friedrich
    Wilhelm Joseph von Schelling(1775~1854)은 저서 『인간 자유의 본질에
    관한 철학적 탐구』(지식을만드는지식, 2001)에서 이와 관련해 "모
    든 인간의 삶에 달라붙어 우울의 장막을 드리우는 슬픔"을 이야

기했다. 독일의 소설가 장 파울Jean Paul은 미완성 유고작 『*Selina: oder über die Unsterblichkeit der Seele*』에서 이런 감정을 "벨트슈메르츠Weltschmerz"* 라고 이름 붙였다.

5 세네카는 시간이라는 선물을 제대로 잘 쓰지 못하는 예를 이렇게 든다. "평생 장기나 공놀이, 햇볕에 몸을 태우는 일 따위에 시간을 전부 써 버리는 자들을 일일이 거론하자면 지루할 것입니다." 세네카의 『인생의 짧음에 관하여』 중 13장. 세네카와 내가 만났더라면 우리는 좋은 친구가 됐을 것 같다.

6 세네카의 『인생의 짧음에 관하여』 중 1장.

7 G.W.F. 헤겔의 『Hegel 대논리학』(자유아카데미, 2022). 헤겔이 처음 주장하지는 않았지만 그 내용을 잘 표현했다. 세네카도 '미친 헤라클레스Hercules furens'를 소재로 한 자신의 비극 작품에 "우리에게 생명을 준 첫 시간이 그 시간도 빼앗아 갔다네"라고 써서 거의 같은 생각을 드러냈고, 동시대에 살았던 로마의 시인이자 점성가 마르쿠스 마닐리우스Marcus Manilius도 『아스트로노미카 *Astronomica*』(Teubner, 1915)에서 "우리는 태어나면서 죽고, 끝은 시작과 동시에 시작된다"라고 썼다.

8 윌리엄 제임스의 『한 권으로 읽는 심리학의 원리』(부글북스, 2018).

• welt(world)와 schmerz(pain)의 합성어로, 개인이 자신의 기대에 미치지 못하는 현실에서 세상의 악과 고통을 인식하며 느끼는 삶의 슬픔, 염세적인 감정을 뜻한다.

9 빅토르 주커칸들의 『소리와 상징』(예하, 1992).

10 세네카의 『인생의 짧음에 관하여』 중 2장.

11 같은 책의 7장.

12 죽음 불안에 관한 최고의 책은 어빈 얄롬Irvin Yalom의 『태양을 직면하기 – 얄롬의 죽음불안심리와 상담』(학지사, 2023)이다. 얄롬은 대표적인 **실존주의 심리 치료사**이며 이러한 심리 치료는 의미와 무의미의 문제, 그것과 불안과의 관계를 다루는 상당히 새로운 분야다.

13 영국의 문인 D. J. 엔라이트D. J. Enright가 엮은 책 『*The Oxford Book of Death*』(Oxford University Press, 1983)에서 찾아 인용했다.

14 에피쿠로스의 「메노이케우스에게 보낸 서신Letter to Menoeceus」.

15 루크레티우스의 『사물의 본성에 관하여』.

16 미셸 우엘베크의 인터뷰 「글쓰기는 뇌에 기생충을 기르는 것과 같다Writing Is Like Cultivating Parasites in Your Brain」(https://www.youtube.com/watch?v=AJI8YPopjgk).

17 허먼 멜빌의 『*White-Jacket*』(Simonds, 1850).

2장
영원히 살고 싶은 사람이 있을까

1 레오시 야나체크의 오페라 「마크로풀로스 사건The Makropulos Case」(Norman Tucker 옮김, Universal Edition A.G., 1966).

2 필립 라킨의 시 「새벽의 노래Aubade」(Times Literary Supplement, 1977/12/2). 어니스트 베커Ernest Becker도 저서 『죽음의 부정』(한빛비즈, 2019)에서 비슷한 주장을 했는데, 종교를 우리의 "영생불사 프로젝트"의 일부를 구성하는 일종의 "방어 기제"로 보며 종교가 우리를 한낱 육체적인 존재 이상으로 격상해 준다고 했다.

3 이 논문은 버나드 윌리엄스의 철학 논문집 『*Problems of the Self: Philosophical Papers 1956~1972*』(Cambridge University Press, 1973)에 다시 실렸다.

4 니체는 이렇게 말했다. "그대의 전 생애는 모래시계처럼 늘 뒤집히고 다시 고갈될 것이다. 그대를 진화시킨 모든 조건이 우주 과정의 수레바퀴 속에서 돌아올 때까지 긴 시간이 지날 것이다. 그러면 그대는 모든 고통과 즐거움, 모든 친구와 적, 모든 희망과 실수, 모든 풀잎과 햇살을 다시 한번 발견하고는 삶을 구성하는 모든 요소를 알게 될 것이다. 『*Notes on the Eternal Recurrence, in Nietzsche's Complete Works*』(Oscar Levy 엮음, Macmillan, 1991).

5 토머스 리드의 『*Essays on the Intellectual Powers of Man*』(Derek R. Brookes 엮음, Pennsylvania State University Press, 2002).

6 로크의 이론에 대한 반론으로서 장군이 장교와 동일 인물로, 장교는 소년과 동일 인물로 보이지만 장군은 소년과 동일 인물이 아니라는 말인데, 황당한 주장이다. 이와 관련된 내용을 더 살펴보고 싶다면 『브리태니커 백과사전』에 실린 미국의 철학자 시드니 슈메이커Sydney Shoemaker의 훌륭한 글 「개인의 정체성Personal Identity」(https://www.britannica.com/topic/personal-identity)을 참고

하기 바란다.

7   플라톤의 『파이돈』(아카넷, 2020). 이 문제에 관한 내용을 더 살
    펴보고 싶다면 폴 에드워즈Paul Edwards가 엮은 책 『*Immortality*』
    (Prometheus, 1997)에서 C. J. 뒤카스C. J. Ducasse의 「Survival as
    Transmigration」을 참고하기 바란다.

8   톰 템플턴Tom Templeton이 오브리 드 그레이를 만나고 쓴 기사 「가
    는 세월 막기Holding Back the Years」(The Observer, 2007년 9월 16일
    자)에 실린 내용이다. 드 그레이가 밝힌 자신의 사명은 저서
    『*Ending Aging: The Rejuvenation Breakthroughs That Could Reverse
    Human Aging in Our Lifetime*』(St.Martin's Griffin, 2008)에서 확인
    할 수 있다.

9   텔로미어는 염색체의 손상이나 염색체 간의 융합을 방지해 염
    색체의 끝부분을 보호한다. 텔로미어가 세포의 생사를 조절하
    므로 이런 작동 원리는 이른바 임상적 불멸의 근원이 된다. 간략
    히 정리된 내용을 보려면 유언 캘러웨이Ewen Callaway의 기사 「노
    화 과정을 되돌리는 텔로미어Telomerase Reverses Ageing Process」(Nature,
    2010년 11월 28일 자)를 참고하기 바란다. 조금 오래된 책이지만
    브라이언 애플야드Brian Appleyard의 『*How to Live Forever or Die Try-
    ing: On the New Immortality*』(Simon and Schuster, 2007)은 영생학
    에 관해 쉽게 잘 쓴 일반 개론서다.

10 분자 생물학 분야의 학술지 『엠보 리포트*EMBO Reports*』에 실린
    기사 「노화 치료와 그 결과: 오브리 드 그레이와의 인터뷰Curing
    Ageing and the Consequences: An Interview with Aubrey de Grey」(2005)를 참고

했다.

11 버나드 윌리엄스의 「마크로풀로스 사건: 영생불멸의 지루함에
관한 고찰」. 미국의 TV 시트콤 〈굿 플레이스The Good Place〉(여기서
'좋은 곳good place'이란 '사후 세계'다)는 영생불멸에 관한 철학적 문
제를 재미있게 다루고 있다. 마지막 회 바로 전 편인 "Patty"에
서는 영원이 무의미하다는 개념을 정확히 다루며 후생을 사는
이들에게 무無로 가는 '출구'를 제공하는데 많은 이들이 흔쾌히
받아들인다.

3장
죽음이 예정된 삶은 무의미할까

1 영국의 물리학자 로저 펜로즈를 미국의 물리학자이자 작가인
앨런 라이트먼Alan Lightman이 1989년에 인터뷰한 내용에서 인
용했다(https://www.aip.org/history-programs/niels-bohr-library/
oral-histories/34322).

2 빌 힉스의 스탠드업 코미디 쇼를 녹화한 〈Sane Man〉(Rykodisk,
1989).

3 앨런 와이즈먼의 『인간 없는 세상』(알에이치코리아, 2020).

4 그러한 전 지구적 재앙의 위험(그런 위험에는 "실존적"이라는 수식
어가 붙는다)을 다루는 연구 센터가 있다. 바로 케임브리지 실존
적 위험 연구 센터Cambridge Centre for the Study of Existential Risk(https://

www.cser.ac.uk, 나의 옛 동료인 휴 프라이스Huw Price가 영국 왕립 천문학자인 마틴 리스 경Lord Martin Rees과 스카이프 개발자인 얀 탈린Jaan Tallinn과 함께 설립)와 인류 미래 연구소Future of Humanity Institute(https://www.fhi.ox.ac.uk, 철학자이자 옥스퍼드대학교 교수인 닉 보스트롬Nick Bostrom이 설립)다. 두 웹사이트에 그런 위험의 본질에 관한 문헌이 많으며 한번 살펴볼 가치가 있다.

5 스티븐 에모트의 『100억 명, 어느 날』(시공사, 2014). 이 책에 이어 에모트는 빌 힉스를 따라 하며 "인간 역병The Human Plague"을 언급한 것으로 보인다(https://www.youtube.com/watch?v=VUT-GQvDQ8xE 참조).

6 "우리 인류가 장수하고 멸종하기를"이라는 구호를 내건 이 흥미로운 단체에 대해 알고 싶으면 웹사이트(https://vhemt.org/)를 방문하면 된다.

7 폴 에얼릭과 앤 에얼릭의 『인구 폭탄*The Population Bomb*』(Ballantine Books, 1968). 그 깊은 역사를 잘 다룬 책은 찰스 만Charles Mann의 『*The Wizard and the Prophet*』(Vintage Books, 2019)다.

8 새뮤얼 셰플러의 저서 『*Death and the Afterlife*』(Oxford University Press, 2013)에 실린 버클리대학교 태너 강연* 부분에 그 내용이 설명되어 있다. BBC 라디오 4에서도 "Samuel Scheffler on the Afterlife"라는 제목의 강연 프로그램을 청취할 수 있다(https://

---

* Tanner Lectures. 1978년부터 영국과 미국의 유수 대학에서 진행되고 있는 인문학 특강 시리즈

www.bbc.co.uk/programmes/b0608416).

9 P. D. 제임스의 『사람의 아이들』(아작, 2019).

10 우디 앨런이 감독하고 주연한 영화 〈애니 홀〉(United Artists, 1977).

11 윌리엄 제임스의 『삶은 살 만한 가치가 있는 걸까』(오엘북스, 2022). 책으로 펴낸 이 강연은 1895년 하버드대학교 기독교 청년회(YMCA)에서 진행되었는데, 그때는 「Y.M.C.A.」를 부른 댄스 그룹 빌리지 피플Village People이 나오기 전이라 제임스가 YMCA 춤을 추지 않았을 거라 확신한다.

12 토머스 네이글의 논문 「The Absurd」(Journal of Philosophy 68, 1971)를 참고하기 바란다.

13 알베르 카뮈의 『The Myth of Sisyphus and Other Essays』(Justin O'Brien 옮김, Alfred A. Knopf, 1955). 아울러 로버트 자레츠키Robert Zaretsky의 『카뮈, 침묵하지 않는 삶』(필로소픽, 2015)도 참고하기 바란다.

14 프리드리히 니체의 『The Gay Science』(Bernard Williams 엮음, Josefine Nauckhoff 옮김, Cambridge University Press, 2001)를 참고하기 바란다.

15 장 폴 사르트르의 『실존주의는 휴머니즘이다』(이학사, 2008).

16 셰플러의 『Death and the Afterlife』. 윌리엄 제임스는 1900년 11월 13일 폴란드의 철학자 W. 루토슬라프스키W. Lutoslawski에게 보낸 편지에 이렇게 썼다. "인생을 최고로 잘 사용하는 방법은 인생보다 오래갈 것에 쓰는 거라네"[『The Thought and Character

of William James』(P. Barton 엮음, Oxford University Press, 1935)에 실린 편지글에서 인용]. 하지만 유산이 유지되려면 **관리인들**이 필요한 법이다.

17 라이어널 펜로즈와 로저 펜로즈의 논문 「Impossible Objects: A Special Type of Visual Illusion」(British Journal of Psychology 49, 1958). 로저의 형제들(형과 남동생, 여동생)도 각각 물리학자, 체스 그랜드 마스터이자 심리학자, 유전학자로 학식이 깊다. 라이어널 펜로즈와 동생인 롤런드Roland(로저의 삼촌)는 블룸즈버리 그룹●과도 관계가 있었다. 롤런드는 초현실주의 예술가였고, 만 레이Man Ray의 뮤즈였던 사진작가 리 밀러Lee Miller와 결혼했었다.

18 이런 관점은 로저 펜로즈의 첫 저서 『황제의 새마음』(이화여자대학교출판문화원, 2022)에서 확인할 수 있다.

19 자세히 들어가면 기술적인 설명이 될 수밖에 없겠지만 대략 설명해, 크기의 기준이 없다면 우주는 또 다른 최초의 특이점에 해당하는 것으로 다시 설계되고 이런 과정이 무한히 반복될 수 있다. 펜로즈의 저서 『시간의 순환』(승산, 2015)은 그의 관점으로 이끄는 입문서의 성격을 띠고 있다.

20 마르틴 하이데거의 『존재와 시간』(동서문화사, 2016). 이 책을 추가 참고 도서로 제안하려니 마음이 영 내키지 않는다. 지금까지 쓰인 책들 가운데 가장 난해하기로 악명이 높기 때문이다. 아, 그리고 하이데거는 나치 동조자이기도 했다.

● Bloomsbury group. 20세기 초 영국의 지식인과 예술가들의 모임

21 같은 책.

22 같은 책. 사르트르는 저서 『존재와 무』(동서문화사, 2009)에서 죽음이 사실 삶을 의미로 가득 채우는 데 문제를 일으킨다고 주장했다. 앞서 논의한 바와 같이 죽음은 삶을 부조리하게 만들기 때문이다. 이 책에서 사르트르는 의미와 죽음의 밀접한 연관성에 대해 내가 옹호하는 관점과 비슷한 견해를 펼치는 하이데거의 『존재와 시간』에 대응하고 있다. 사르트르가 창조성을 통해 얻는 의미의 관점을 옹호하는 반면 하이데거는 유한한 조건에서 수행되는 계획에서 의미를 얻는다.

4장
미래는 우리 자신의 현재가 된다

1 필립 라킨의 시집 『*The Whitsun Weddings*』(Faber Poetry, 2010)에 수록된 「회상Reference Back」.

2 게다가 이런 혈족 우대에는 정당한 생물학적 근거가 있다. 그 내용이 궁금하면 신경 과학자 로버트 새폴스키Robert Sapolsky의 훌륭한(그리고 무척 재미있는) 온라인 강의 「Human Behavioral Biology (Robert Sapolsky) 25 lectures」를 들어보기 바란다(https://www.youtube.com/playlist?list=PL150326949691B199). 때때로 유튜브 검색은 시간 낭비가 아니다. 세네카도 찬성하리라 확신한다.

3 당연히 돼지 등에 거꾸로 올라탄 원숭이가 언제나 이긴다.

4   세네카의 『인생의 짧음에 관하여』 중 9장.

5   리즈대학교의 옛 동료 세이리얼 모건Seiriol Morgan이 자기 연구실
    에 "응용 아크라시아 연구소The Institute for Applied Akrasia"라고 쓴 팻
    말을 걸었는데, 내가 그 생각을 먼저 하지 못한 게 늘 아쉬웠다!

6   말이 나온 김에 여기서 논하는 그런 시간적 근시의 좋은 예를
    다른 호메로스*인 '호머 심슨'에게서 찾을 수 있다. TV 만화 영
    화 〈심슨 가족The Simpsons〉의 "Money-Bart" 편(Nancy Kruse 감독,
    Tim Long 각본, 2010년 10월 10일 미국 폭스TV에서 방영)에서 호머
    는 마지가 아이들을 걱정하자 "그건 미래의 호머에게 문제지!
    여보, 난 그 남자가 부럽지 않아!"라고 대꾸한다. 그러고는 마요
    네즈 병에 보드카 한 병을 들이붓고는 단숨에 쭉 들이켠다! 잠
    시 후에 언급할 사회 심리학자 할 허시필드는 TV 시트콤 〈사인
    필드Seinfeld〉의 "The Glasses" 편(T. Cherones 감독, T. Gammill, M.
    Pross 각본, 1993년 9월 30일 미국 NBC에서 방영)에서 또 다른 훌륭
    한 예를 찾았다. 주인공이자 스탠드업 코미디언인 사인필드가
    무대에서 관객에게 던지는 대사다. "저는 잠을 충분히 잔 적이
    없어요. 밤늦게까지 깨어 있거든요. 왜냐면 저는 저녁형 인간이
    니까요. [웃음] 저녁형 인간은 늦은 시각까지 자고 싶어 하지 않
    아요. 다섯 시간쯤 자고 일어나면 어떠냐고요? 오, 그건 아침형
    인간의 문제지, 제 문제가 아니에요. 저는 저녁형 인간이거든요.
    제가 원하는 만큼 늦게까지 자지 않아요. 그래서 여러분은 아침

---

*   Homeros. 영어식 이름은 호머Homer

에 일어나면 하품을 하고 기진맥진해서는 몸을 가누지 못하죠. 우, 저는 그런 저녁형 인간은 정말 싫어요! 보세요, 저녁형 인간은 아침형 인간을 항상 구박해요. 아침형 인간이 할 수 있는 일은 아무것도 없어요. 아침형 인간이 할 수 있는 일이라곤 종종 늦잠을 충분히 자려는 것뿐이어서 대낮형 인간이 실직하고 저녁형 인간이 더는 외출할 돈이 없게 만들죠."

7   데릭 파핏의 『이성과 사람*Reasons and Persons*』(Oxford University Press, 1988).

8   할 허시필드의 원래 논문은 「Saving for the Future Self: Neural Measures of Future Self-Continuity Predict Temporal Discounting」(Social Cognitive and Affective Neuroscience 4, 2009)이다. TED 강연 「How Can We Help Our Future Selves?」에서 더 간단한 형식으로 동일한 논점을 많이 밝히고 있다(https://www.youtube.com/watch?v=tJotBbd7MwQ).

9   파핏의 『이성과 사람』.

10 그래도 더 공부하고 싶다면 봄의 책 『*The Undivided Universe: An Ontological Interpretation of Quantum Theory*』(배질 힐리Basil Hiley와 공저, Routledge, 1993)를 찾아서 읽어 보기 바란다.

11 생존 측면에서 정신적 시간 여행의 역할(즉, 진화적 이점)에 기반을 둔 최초의 이론은 에스토니아의 심리학자 엔델 툴빙Endel Tulving의 저서 『*Elements of Episodic Memory*』(Oxford University Press, 1985)에서 제시되었다. 댄 포크Dan Falk의 『*In Search of Time*』(St. Martins's Griffin, 2010)에도 유익한 논의가 담겨 있다.

12 장루이 반 헬더Jean-Louis van Gelder, 할 허시필드, 로런 노드그런 Loren Nordgren의 공동 논문 「Vividness of the Future Self Predicts Delinquency」(Psychological Science 24, 2013)를 참고하기 바란다. 저자들은 미래 자아와 "친구 되기"에 대해 이야기한다. 미래 자아에 접근하는 하나의 방법이고 결과도 꽤 좋아 보인다. 나는 좀 더 자연스러운 접근을 선호하는데, 그 관계를 우정보다는 **정체성**으로, 다중적이기보다는 통합적으로 보는 관점이다. 아무래도 자신보다는 친구에게 신경을 좀 덜 쓸 테니 정체성이 훨씬 더 강한 관계가 아닐까 싶다.

13 월터 미셸의 『The Marshmallow Test: Understanding Self-Control and How to Master It』(Corgie Adult, 2015)을 참고하기 바란다.

14 세네카의 『인생의 짧음에 관하여』 중 3장.

15 욜란데 야코비의 『The Way of Individuation』(Plume, 1983).

16 중년의 이런 특징에 대한 훌륭한 논의가 키어런 세티야Kieran Setiya의 『어떡하죠, 마흔입니다 – 흔들리지 않는 삶을 위한 마음철학 수업』(와이즈베리, 2018)에 나온다.

17 「Enjoy Yourself (Its Later Than You Think)」, music by Carl Sigman, words by Herb Magidson, 1948(renewed), Magidson Bernhardt Music and Music Sales Corporation. All rights for Bernhardt Music administered by WC Music Corp. All rights reserved. Used by permission of Alfred Music. 개인적으로 좋아하는 버전은 우디 앨런의 영화 〈Everyone Says I Love You〉에 나오는 곡이지만 영국 밴드 '스페셜스The Specials'와 미국 가수 '루이스 프리마Louis

Prima'가 부른 버전도 매우 좋다.

5장
자신을 있는 그대로 들여다보기

1 잘랄 아드딘 무하마드 루미Jalal ad-Din Muhammad Rumi의 『Rumi: In the Arms of the Beloved』(Jonathan Star 옮김, Penguin, 2008).

2 사르트르의 『실존주의는 휴머니즘이다』.

3 이런 절차가 사람마다 상황마다 다르리라는 점을 나도 당연히 인정한다. 흔히 누군가는 다른 사람에게는 있는 자원을 가지지 못해서 자신이 원하는 미래를 만들기 위해 다른 단계들을 밟아 나가야 할 테니 말이다. 더군다나 내 말이 우리가 우주를 모든 면에서 통제할 수 있다는 뜻이 아님을 분명히 밝혀 두겠다! 우리는 가까이에 있는 많은 것들만 통제할 수 있으며 종종 생각보다 많은 것들을 확실히 통제할 수 있다. 가장 중요한 사실은 때때로 죽음의 유한한 경계 때문에 어쩔 수 없는 일이 많다는 점이다. 그렇지만 그것들은 실제로 우주에서 가능성의 가지가 아니므로 가지치기에 적합한 대상이 아니라 허깨비에 불과하다. 게다가 우리는 우주를 공유하고 있기에 다른 누군가의 조각물이 나의 창조 가능성을 빼앗을 수 있으며 경우에 따라 내가 적응하거나 포기해야 한다.

4 물론 **그렇지 않다고** 상상해 볼 수도 있다. 가령 수술을 받아야 하

는데 그 결과로 정신이 그런 영속적 자아를 느끼지 못할 정도로 구조가 완전히 변경될 거라는 얘기를 듣거나 강력한 전기 충격 치료를 받는다면 말이다. 하지만 그런 경우는 종말로 볼 수 있을 것이다. 아니면 자아 단절로 확실히 이어지는 알츠하이머병의 근원이 되는 유전자를 발견할지도 모른다. 우리는 이미 그런 유전자를 몇 가지 알고 있다. 그렇다면 왜 굳이 신경을 쓰는가? 어쨌거나 일반적인 상황에서는 우리가 살아 움직이는 동안 그 노동의 결실을 누리는 이가 바로 **자신**이므로 지금 노력해야 할 이유가 충분하다.

5 필립 짐바르도Philip Zimbardo(그 유명한 '스탠퍼드 교도소 실험'을 한 심리학자지만 내 생각에는 이른바 '시간 치료'에 대한 그의 연구가 월등하다)는 저서 『The Time Cure』(Jossey-Bass, 2012)에서 시간 분배 문제를 충실히 다루며 우리가 늘 점유하고 있다고 체감하는 현재와 관련해 시간에 대한 우리의 태도를 다음과 같이 다섯 가지 가능한 관점으로 나눈다[최초 연구 논문은 「Putting Time in Perspective: A Valid, Reliable Individual-Differences Metric」(Journal of Personality and Social Psychology 77, 1999)이며 제자인 존 보이드John Boyd와 공저했다].

1) 과거에 긍정적인 사람들은 "좋았던 옛날"에 집중한다. 스크랩북을 보관하고, 사진을 모으며, 명절을 손꼽아 기다린다.

2) 과거에 부정적인 사람들은 지난날 잘못되었던 모든 일에 집중한다. "내가 뭘 하든 상관없어. 내 인생은 절대로 변하지 않을 테니."

3) 현재의 쾌락을 좇는 사람들은 순간순간을 살면서 즐거움과 새로움, 감각을 추구하고 고통을 피한다.

4) 현재의 운명을 따르는 사람들은 이미 결정된 운명이 인생에서 주도적 역할을 하므로 결정은 소용없다고 느낀다. "될 일은 될 것이다."

5) 미래 지향적인 사람들은 미래를 계획하고 자신의 결정이 좋은 결과를 가져오리라 믿는다.

나중에 다른 관점이 또 하나 추가되었다.

6) 초월적 미래를 지향하는 사람들은 지금 살고 있는 삶보다 죽음 이후의 삶이 중요하다고 믿는다. 그들은 현생 동안 후생에 막대한 투자를 할 수도 있다.

후자의 범주에는 피라미드를 만들어 자신의 길을 준비하는 이집트인들이 포함되지만, 사후 심판을 염두에 두고 준비하며 살아가는 많은 종교인의 삶에서도 유사성을 찾을 수 있다. 좀 더 세속적인 측면에서는 자녀에게 무엇을 물려줄지를 비롯해 자신이 남길 유산을 생각하는 사람들도 떠올려 볼 수 있다. 짐바르도의 이론은 온갖 종류의 심리적 (그리고 궁극적으로는 신체적) 문제를 근본적으로 추적해 위에 열거한 관점 중 어느 하나가 우세해지는 양상을 밝혀낸다. 세네카의 말대로 모두 균형의 문제다. 어느 한쪽에 치우치면 문제가 발생한다. 하지만 그 문제는 우리가 어떻게 하면 바람직한 요소에서 나아지고 나머지 부정적인 요소를 제거할 수 있는가다. 어느 요소가 그런지 알면 절반은 성공한 셈이지만 가장 어려운 부분은 본래적이고 능동적인 태도로 삶을 만들어 가는 일이다.

6 아인슈타인이 당시 세상을 떠난 친구 미켈레 베소Michele Besso의 부인에게 쓴 1955년 3월 15일 자 편지에 나오는 말이다[『*Albert Einstein, Michele Besso: Correspondence: 1903~1955*』(Pierre Speziali 엮음, Herman, 1979)]. 아인슈타인은 자신의 상대성 이론에 따라 과거, 현재, 미래가 사실상 동시에 존재하기 때문에 베소와 그의 부인이 여전히 우주에서 함께한다는 사실을 언급하면서 위로를 건네고자 했다. 두 사람이 그저 다른 시공간에 있을 뿐, 그 위치는 문맥이나 상황에 따라 의미가 결정되는 지시어인 "여기"와 비슷한 기능을 한다는 것이다. 이렇게 보면 아인슈타인의 말은 또 다른 유형의 영생불멸로 해석할 수 있을 것이다. 우리가 이런 식으로 영원히 존재하니까.

7 불교 계간지 『*Tricycle: The Buddhist Review*』에 실린 잡지 발행인 샘 모우Sam Mowe의 글 「옥스퍼드 철학자가 쓴 글에서 게송을 발견한 티베트 승려들Tibetan Monks Found Chanting Text by Oxford Philosopher」 (2011년 9월 13일 온라인 게재)를 참고하기 바란다. 여기서 미래 자아와의 관계가 그다지 중요하지 않다면(죽음이 초래하는) 그 관계의 단절도 그렇게 중요하지 않으므로 죽음은 중요하지 않다는 사실과 연결된다는 점에 주목하자. 이는 불교와 통하는 또 다른 점이자 내가 그 관점에 동조할 수 없는 또 다른 이유이기도 하다. 왜냐하면 삶이 무한함 속으로 사라진다는 주장이기 때문이다.

8 존 이어먼의 논문 「Reassessing the Prospects for a Growing

Block Model of the Universe」(International Studies in the Philosophy of Science 22, 2008).

9   윌리엄 제임스의 『진리란 무엇인가』(부글북스, 2022)를 참고하기 바란다.

10 제임스는 1884년에 쓴 논문 「The Dilemma of Determinism」 [『*The Will to Believe and Other Essays in Popular Philosophy*』(Cambridge University Press, 2014)에 다시 실림]에서 이런 견해를 밝혔다. 앞의 3장을 되돌아보면 제임스는 만년에 죽음 이후의 삶을 이처럼 **증명할 수 없는** 범주에 넣었고, 뭐가 됐든 이 세상을 조금이라도 나아지게 한다는 느낌이 들면 그것으로 보충하는 게 마땅하다고 보았다. 그리하여 그는 우리가 불멸한다는 믿음을 선택했다. 그러한 내용은 1897년 "Human Immortality: Two Supposed Objections to the Doctrine"라는 제목으로 진행한 잉거솔 강연Ingersoll Lecture에 잘 나와 있다. 잉거솔 강연은 '인간의 영생불멸'을 주제로 하버드대학교에서 1986년부터 이어져 온 강연 시리즈다. 융 또한 영생불멸의 인식은 모든 인간이 지닌 일종의 이성적 욕구(삶을 지속하려는 욕구)라고 믿었다.

11 사르트르의 『존재와 무』.

12 그루초 막스의 『*The Essential Groucho: Writings by, for, and about Groucho Marx*』(Stefan Kanfer 엮음, Penguin, 2008).

13 C. J. 융의 『카를 융, 기억 꿈 사상』(김영사, 2007).

14 논란이 많은 보수적인 철학자 로저 스크루턴Roger Scruton이 그 좋은 예라고 생각한다. 이 의견이 아무리 환영받지 못해도 나는 그

의 팬이다. 스크루턴은 전형적으로 문제가 많은 어린 시절을 보냈다. 멀리 떨어진 부모에게서 필요한 안정을 얻지 못해 **가정**의 개념을 박탈당했다. 그래서 그런 가정을 찾는 일은 그의 철학과 삶의 방식에 초석이 되었다. 내가 아는 한 그는 자신의 어린 시절이 그런 탐색으로 이어졌음을 분명히 알고 있었다. 회고록 『Gentle Regrets: Thoughts from a Life』(Continuum, 2006)을 보면 그가 어렸을 때 가혹한 현실에 정면으로 맞서기 위해 거짓 자아를 구축하며 겪은 분열을 아주 잘 인식하고 있음을 알 수 있다. 그러나 그는 가정을 통해 가져 본 적 없는 것을 스스로 갖겠다고 선택하면서도(그는 아버지가 그토록 혐오했던 상류층 사이에서 꽤 당당한 존재였다) 어린 시절이(그리고 부모가) 여전히 자신의 결정을 통제한 탓에 자신이 진정으로 성장한 적이 없었다는 사실을 더 깊이 생각해 보지 못했다. 이런 책을 쓰는 일을 포함해 나의 수많은 행동도 마찬가지라고 확신한다.

15 오늘날 과학자들 사이에서 꿈의 힘을 부인하는 것은, 비물질주의적인 많은 것들을 구시대의 재미있는 유물로 여기는 행위와 마찬가지로 눈앞에 있는 것을 보지 못한다는 사실을 숨기는 꼴이다. 깨어 있는 뇌는 물질로 가득 차 있으며 끊임없이 의미를 만들어 낸다. 그런데 잠자는 동안 이런 과정이 갑자기 중단된다는 생각은 얼토당토않다. 자는 동안 분주히 움직이던 뇌가 잠에서 깨어나자마자 즉시 재조립될 뿐이다. 꿈의 내용을 무시하는 사람들은 잠재적으로 가치 있는 많은 정보를 놓치는 셈이다. 다행히도 이렇게 꿈을 등한시하는 경향은 어느 정도 변하고 있

다. 마크 솜스Mark Solms의 책 『*The Hidden Spring: A Journey to the Source of Consciousness*』(Profile Trade, 2021)를 참고하기 바란다.

16 아르투어 쇼펜하우어의 수많은 훌륭한 경구 중 하나로 『*The Wisdom of Life and Counsels and Maxims*』(T. Bailey Saunders 옮김, Prometheus Books, 1995)에서 인용했다.

17 윌리엄 셰익스피어의 『뜻대로 하세요』(레인보우퍼블릭북스, 2022).

6장
이리저리 밀려다니는 삶

1 우디 앨런이 각본을 쓰고 감독한 영화 〈사랑과 죽음Love and Death〉 (MGM/UA, 1975).

2 마리 루이제 폰 프란츠의 『영원한 소년과 창조성』(한국융연구원, 2017).

3 융은 저서 『쿤달리니 요가의 심리학』(부글북스, 2018)에서 그 개념을 언급한다. 베인즈가 쓴 글들 모아 사후 출판한 『*Analytical Psychology and the English Mind: And Other Papers*』(Routledge, 2016)의 4장에 「The Provisional Life」라는 제목의 논문이 실렸다.

4 세네카의 『루킬리우스에게 보낸 도덕 편지*Moral Epistles to Lucilius*』('Loeb Classical Library' 시리즈 중 소 세네카 편 제3권에 게재, Richard M. Gummere 엮음, Harvard University Press, 1917~1925).

5 폰 프란츠의 『영원한 소년과 창조성』.

6 같은 책.

7 C. G. 융의 『Visions: Notes of the Seminar Given in 1930~1934』
   (Claire Douglas 엮음, Princeton University Press, 1997).

8 최근의 현대 문학에서 소설가 미셸 우엘베크의 주인공들은 종
   종 **소년**의 특징, 즉 공허함을 채우지 못하는 무기력한 삶을 살아
   가는 모습을 보인다. 이런 현상을 소개할 때는 그의 작품만 한
   것이 없다.

9 이 그림자가 꼭 나쁜 대상만은 아니라고 말하는 것이 중요하다.
   그 그림자는 자신에게서 마음에 들지 않는 요소일 뿐이다. 여기
   에는 보통 **장점**으로 여기는 특성, 예를 들면 추진력, 영향력, 창
   의성 등이 포함된다. 이런 자질이 어떤 갈등이나 트라우마의 결
   과로(항상 의식적이지는 않지만) 제거된 것이다(예를 들면 아버지나
   어머니처럼 되고 싶지 않아 그런 자질을 눈에 보이는 표면적 자아로 드
   러나지 못하게 한 것이다). 그러나 우리는 실제로 영구히 그럴 수
   없으며, 그 결과 그런 자질은 행동화, 이상한 꿈, 이상한 연상,
   특정한 사물이나 현상이 상징적 의미를 띠는 것 같다는 사실을
   알아차리는 등의 형태로 표면적 자아를 자주 놀라게 하면서 종
   종 모습을 드러내려 할 것이다.

10 폰 프란츠의 『영원한 소년과 창조성』.

11 알베르 카뮈의 『시지프 신화』(열린책들, 2020).

12 이는 마음챙김 수행의 기본 개념 중 하나다. 그러나 융이 말한
   의미에서 그런 수행은 별로 효과가 없다. 궁극적인 목적이 몰입

이라는 사실과 상관없이 명상 **수행**은 철저히 자기 몰입적인 성격을 띠기 때문이다. 여기에는 '세속적인 현실과 동떨어진' 특성이 여전히 존재한다. 인간보다는 신에 가깝다고나 할까.

13 마르셀 프루스트의 『잃어버린 시간을 찾아서 6 – 게르망트 쪽 2』(민음사, 2015).

14 카뮈의 『시지프 신화』.

15 출처가 의심스럽지만, 실화 속 인물로 가장 유명한 탕자인 자코모 카사노바Giacomo Casanova가 오페라 대본 집필에 관여했다는 소문이 있다. 카사노바는 오페라 대본 작가인 로렌초 다 폰테Lorenzo da Ponte와 친구였다. 게다가 모차르트와 카사노바는 확실히 같은 시기에 프라하에 살았다. 아마도 언젠가는 구체적인 증거가 나올 텐데, 소문이 사실이었으면 좋겠다!

16 오토 랑크의 『*The Don Juan Legend*』(David G. Winter 옮김, Princeton University Press, 2016).

17 이런 측면에 대한 명확하고 통찰력 있는 논의를 보려면 바버라 크래프트Barbara Kraft가 쓴 아나이스 닌의 회고록 『*Anaïs Nin: The Last Days*』(Sky Blue Press, 2011)를 참고하기 바란다. "치아의 금 보철물이 덩어리로 떨어져 나와 욕실 바닥에 있었고, 그녀의 상한 몸에서 흘러나오는 담즙이 담긴 주머니들이 오른쪽 절개 부위에 연결되어 달려 있었다. 요 몇 년간의 고통과 괴로움은 그녀를 살과 뼈와 피로 이루어진 필멸의 존재로 만들었다. (「서문」중).

18 랑크의 『*The Don Juan Legend*』.

19 이러한 특성 가운데 어느 것이 자신을 말해 주는지, 한 극에서
    다른 극으로 바뀐 경험이 있는지, 있다면 무슨 이유에서였는지
    확인해 보는 일도 유용한 훈련이다. 다른 방향으로 옮겨 갈 필요
    가 있는지, 과잉 교정을 했는지도 생각해 보면 좋겠다.

20 데이비드 존 테이시가 쓴 논문 「James Hillman: The Unmaking
    of a Psychologist Part Two: The Problem of the Puer」(Journal of
    Analytical Psychology 59, 2014)를 참고하기 바란다.

21 2010년 4월 캘리포니아에서 제임스 힐먼이 진행한 세미나를 담
    은 DVD 「James Hillman: Senex & Puer」(Depth Video, 2010).

22 테이시의 논문 「James Hillman: The Unmaking of a Psychologist
    Part Two: The Problem of the Puer」.

23 같은 논문.

24 융의 『영혼을 찾는 현대인』(부글북스, 2014). 융은 이와 관련해 다
    음과 같은 매우 예리한 말을 했다. "심리 치료사가 보기에 인생
    에 작별을 고하지 못하는 노인은 인생을 받아들이지 못하는 젊
    은이만큼 허약하고 병들어 보인다. 사실 그런 모습은 서로 똑같
    은 유아적 탐욕, 똑같은 두려움, 똑같은 반항과 외고집의 문제인
    경우가 많다."

25 빌리 조엘의 「비엔나Vienna」(1977년 9월 29일 녹음된 「The Stranger」
    음반, Columbia Records).

26 정신 분석가 댄 카일리Dan Kiley는 이 문제를 피터 팬 관점에서 재
    구성해 자신의 창작물로 내놓았다. 그의 책 『The Peter Pan Syn-
    drome: Men Who Have Never Grown Up』(Dodd Mead, 1983)을 참

고하기 바란다. 하지만 우리가 보았듯이 그것은 오래된 개념이다. 흥미롭게도 네버랜드의 '잃어버린 소년들Lost Boys'은 결국 성장하여 직업(은행원, 사무원, 판사 등)을 갖게 되면서 피터 팬의 궤도에서 벗어난다. "잃어버린 소년들"이라는 명칭은 1987년에 나온 꽤 괜찮은 뱀파이어 영화의 제목으로 사용되기도 했다. 이쯤 되면 **소년**과 뱀파이어의 유사점이 분명해지는데, 둘 다 자라지 않는다는 것이다. J. M. 배리J. M. Barrie가 쓴 원작 소설 『피터 팬』에 붙은 부제도 당연히 "자라지 않는 소년The Boy Who Wouldn't Grow Up"이었다.

7장
우리를 약하게 만드는 것이 우리를 인간답게 만든다

1   데이브 아스프리의 『슈퍼 휴먼*Super Human*』(베리북, 2020).

2   야코비의 『*The Way of Individuation*』.

3   같은 책.

4   진 아런데일Jean Arundale의 『*Identity, Narcissism, and the Other: Object Relations and Their Obstacles*』(Karnac Books, 2017).

5   아스프리는 심지어 이런 이상 형태증을 겪는 다음 세대를 암시하는 책 『*The Better Baby Book: How to Have a Healthier, Smarter, Happier Baby*』(John Wiley & Sons, 2013)까지 썼다. 이런 가여운 "슈퍼 베이비"를 만들기 위해 아스프리가 발기 부전에 대한 "음

파 치료acoustic wave therapy" 접근법을 지지한다는 점도 주목해야 할 듯싶다. 그는 발기 부전이 대부분 신체적인 문제가 아니라, 본인이 조장하는 완전무결한 이미지가 일으키는 불안감의 또 다른 예임을 전혀 인정하지 않는다. 아스프리가 출시한 브랜드 뒤에 숨겨진 과학의 상당 부분은 오브리 드 그레이의 책『The Mitochondrial Free Radical Theory of Ageing』(R. G. Landes Co, 1999)과 관련이 있다. 두 사람은 분명 길동무다. 아울러 아스프리가 "여러 나라에 가서 거의 자기 몸 전체에 줄기세포를 주입했다"라고 하면서 뇌에까지 했다고 자랑한다는 사실도 덧붙여야겠다. 아스프리가 자신의 사이트에 "성체 줄기세포는 통증 방지와 노화 역행에 어떻게 도움이 되는가How Adult Stem Cells Can Help Stop Pain and Reverse Aging"라는 제목으로 올린 글에 그런 내용이 나온다(https://www.daveasprey.com/how-adult-stem-cells-can-help-stop-pain-and-reverse-aging/). 이런 행보가 병적인지 아닌지는 개인의 판단에 맡기겠다. 참고로, 이런 중재적 시술이 효과가 없다는 말이 아니다. 당연히 효과가 있을 수도 있다. 이는 시간의 가치와 사용에 대한 문제다. 이 경우, 이런 방법이 효과가 있다고 가정하면 시간의 연장은 깊은 목적 없이 그 시간을 점유하는 것이다. 미국의 위대한 문필가 랠프 월도 에머슨Ralph Waldo Emerson은 이렇게 썼다. "인생에서 중요한 것은 길이가 아니라 깊이다"[Harold Bloom이 엮은『Ralph Waldo Emerson: Collected Poems and Translations』(Library of America, 1994)].

6   대릴 샤프의『Jung Lexicon: A Primer of Terms and Concepts』(Inner

City Books, 1991).

7 같은 책.

8 훨씬 더 나쁜 경우는 독재자 유형으로, 그런 식으로 살면서 세상에 해를 끼치려 하는 양상이다! 이는 미래를 '조각물'로 보는 관점의 기이한 측면이며, 그런 생각(자기애, 즉 무엇이든 통제할 수 있고 하지 못할 게 없다는 느낌과 상관관계가 있음)을 은연중에 받아들이는 듯 보이는 자들이 종종 너무나 잘 실행해서 파괴적인 결과를 초래하는 사례다.

9 『정신질환 진단 및 통계 편람Diagnostic and Statistical Manual of Mental Disorders 5판』(DSM-5)(미국정신의학회American Psychiatric Association, 2013)에 나와 있는 B군 성격 장애에는 경계성, 연극성, 반사회성, 자기애성 성격 장애가 포함되며 이런 장애는 흔히 감정 조절의 어려움이 따른다. 이런 조절 장애의 유발 요인은 현실을 이상화한 완벽한 모습(투영을 의미하며 여기에는 자신에게 하는 투영과 그 산물인 거짓 자아도 포함됨)과 현실 자체(실패한 투영에 해당함)의 불일치와 종종 관련되어 있다. 이런 현실 왜곡 장애에서는 비현실감(진짜 자아의 부재)과 이상적인 완벽한 모습에 이르지 못하는 상황(일종의 수치심을 유발)이 같이 작용해 자살로 이어지는 일이 빈번하다. 그렇게 자살하지 않으려면 자아 요새를 온전히 유지하기 위한 방어 기제인 "분열"이라는 과정을 통해 불쾌한 현실을 제거해야 한다. 더 자세한 내용은 오토 컨버그Otto Kernberg의 『경계선 장애와 병리적 나르시시즘』(학지사, 2008)을 참고하기 바란다.

10 오비디우스의 『변신 이야기』(숲, 2017).

11 같은 책.

12 제임스 홀리스James Hollis의 『*Hauntings: Dispelling the Ghosts Who Ruin Our Lives*』(Chiron Publications, 2013).

13 C. J. 융의 『심리학과 연금술』(부글북스, 2023).

14 온갖 나쁜 감정, 모든 이기심 등이 숨겨진(제거된 게 아니라 **숨겨진**) 이른바 '착한 남자 증후군nice guy syndrome'에서 이런 그림자 현상의 흥미로운 변형을 찾아볼 수 있다. 물론 '착한 남자'는 보통 수상함, 부정직, 가식과는 거리가 멀다. 하지만 그의 '완벽함'이야말로 쉽게 주목받고 결핍으로 밝혀지는 불완전함이다. 다락방에 꼭꼭 숨겨 놓은 도리언 그레이의 기괴한 초상화처럼 그 착함은 매우 추악한 그림자가 떠받치고 있다. 자신의 이런 기괴한 부분이 모습을 감춘 채 다락방에서 지배권을 주장하지 않도록 그중 일부는 세상의 빛을 보고 겉옷 같은 의식의 부분이 되게 해야 한다.

15 융의 말을 빌리면 "필요한 것은 진리를 '아는' 게 아니라 경험하는 일이다. 사물에 대한 지적인 생각을 품는 게 아니라 문제의 핵심이 되는, 무언의 비이성적일 수 있는 내면의 경험으로 가는 길을 찾는 일이다"[『*The Symbolic Life*』(R.F.C. Hull 옮김, Princeton University Press, 1977)].

16 아주 작게나마가 아닐 수도 있다. 수학자 존 콘웨이John Conway와 사이먼 코첸Simon Kochen의 이른바 '자유 의지 정리'는 우주가 우리의 개입에 근본적으로 열려 있음을 시사한다. 그들은 이렇게

표현했다. "시어도어 루스벨트의 파나마 운하 건설 결정은 자유 의지가 산을 움직인다는 사실을 보여 주며, 이는 일반 상대성 이론에 따르면 공간의 곡률조차 결정되어 있지 않다는 것을 의미한다. 공연이 진행되는 동안에도 무대는 계속 만들어지고 있다"[「The Free Will Theorem」(Foundations of Physics 36, 2006)].

17 야코비의 『The Way of Individuation』.

18 C. J. 융의 『Symbols of Transformation』(R.F.C. Hall 옮김, Princeton University Press, 1967).

19 폰 프란츠의 『영원한 소년과 창조성』.

20 위의 글을 쓰면서 아이러니한 점이 있는데, 이실직고하면 나는 최악의 반칙자다(아니, 그랬다. 조금씩 나아지고 있으니까……). 자아 고취를 위해 이런 방탄 및 관련 제품을 일부 계속 사용하고 있음을 고백한다. 지금은 심리적으로 건강한 방식으로 그러고 있기를 바란다! 나의 방탄은 진정한 의미에서 확실히 자기애의 경계선상에 있었고 나를 비인간적일 정도로 심한 방탄 상태로 만들었다. 아스프리와 그의 방탄 부대는 예전의 내가 품었던 비인간적이고픈 충동에 공감하지 않을까 싶다. 바이오 '해킹'이라는 용어조차 신체와 생명을 기계 같은 것으로 보는 시각을 드러낸다. 나는 인간보다 **기계**가 되는 일이 훌륭한 성취라고 생각하기도 했다. 인간보다 뛰어나면 트랜스휴먼transhuman이니까!

21 사실 우리 아이들을 어렸을 때부터 방탄 상태로 만들어 모든 잠재적 사고에서 보호하려는 일반적인 경향이 있다. 이 모든 게 삶과 경험 그리하여 의미로부터 아이들을 보호하는 셈이다. 그러

니 우리 아이들 사이에서 불안이 유행병처럼 번지는 현상이 과
연 놀랄 일인가?

8장
삶은 기적이지만 죽음도 기적이다

1   틱낫한Thich Nhat Hanh의 『틱낫한 명상』(불광출판사, 2013).

2   흥미롭게도 융 자신은 비서구 전통을 서구 세계에 들여오는 데
    반대했다. 요가 등은 서구적 방식에서 벗어난 정신 구조에 맞게
    만들어졌다. 그런데도 그런 전통 방식이 모종의 구원을 제공한
    다고 보는 서양인들이 많지만, 융은 그게 불가능하다고 믿으며
    개인이 삶의 영역 안에서 구원을 찾아야 한다고 주장했다.

3   야코비의 『Way of Individuation』.

4   포스터 월리스는 자신의 과거작, 특히 두 번째 장편 소설인 『In-
    finite Jest』가 본인의 최고작이라는 사실을 자신 있게 받아들이
    지 못하고 마흔여섯에 자살했다.

5   L. 호프만L. Hoffmann의 『Postirony: The Nonfictional Literature of
    David Foster Wallace and Dave Eggers』(Transcript Verlag, 2016)에 인
    용된 말이다.

6   피터 버그만Peter Bergmann이 제작한 영상 〈버섯이 테런스 매케나
    에게 들려준 여덟 가지 말8 Things the Mushroom Told Terence McKenna〉
    (2016년 4월 30일)를 참고하기 바란다(http://www.mckennite.com/

articles/voice).

7 세네카의 『인생의 짧음에 관하여』 중 19장.

8 스티븐 와인버그의 『최초의 3분: 우주의 기원에 관한 현대적 견해』(양문, 2005).

9 존 휠러의 인터뷰 기사(Florence Helitzer, 『*Intellectual Digest*』, 1973년 6월).

10 존 휠러는 우주의 존재 이유를 이해하려는 탐구(만년에 착수한 연구)에 대해 이렇게 썼다. "그 문제를 계속 열심히 파고들지 않으면 나는 '내'가 아니다. (…) 멈추면 쪼그라든 늙은이가 될 테고, 계속하면 내 눈에 광채가 돌리라." 과학 잡지 『노틸러스*Nautilus*』에 게재된 2014년 1월 10일 자 기사로, 어맨더 게프터Amanda Gefter가 쓴 "동생이 뇌리에서 떠나지 않은 형, 물리학에 혁명을 일으키다Haunted by His Brother, He Revolutionized Physics"를 참고하기 바란다(https://nautil.us/haunted-by-his-brother-he-revolutionized-physics-234736/). 여기에는 성배를 찾아 나선 기사 파르지팔Parsifal의 탐험과 비슷하게 **노인**의 맹목적인 투혼을 부추기는 힘을 지닌 전형적인 **소년**의 탐험이 있다. 휠러의 우주론이 시간의 순환(영원 회귀)을 포함하면서 모든 죽음이 환생에 견줄 수 있는 일종의 영생불멸로 이어지는 점은 놀랍지 않을 수 있다. 이는 융이 『융합의 신비』(부글북스, 2017)에 썼듯이 "자기를 죽였다가 되살려, 자기를 수정해서 낳는" 우로보로스와 비슷하다.

11 융의 『카를 융, 기억 꿈 사상』.

12 이 책에 나오는 '의미'에 대한 이런 식의 설명은 예컨대 로버트

노직Robert Nozick의 『무엇이 가치 있는 삶인가』(김영사, 2014)에서 보이는 정설과는 완전히 대조적이다. 이 설명은 빅터 프랭클이 아우슈비츠에서의 경험[『빅터 프랭클의 죽음의 수용소에서』(청아출판사, 2021)에 나오는 이야기]에 뿌리를 둔 설명에 기초했다. 그 내용을 보면 의미는 일상 세계의 제약을 **초월**하는 데서 나온다. 내가 이 책에서 주장하는 바는, 의미가 세상 속에 있고, **내재적** 특징을 띠며, 의지와 의식이 충분한 사람에게 존재한다는 것이다.

13 여기서 논의를 더 진전시켜 볼 수 있다. 이미 언급했듯이 플라톤은 데미우르고스라는 존재를 등장시켰다. 데미우르고스는(지위가 다소 낮은 신이긴 하나) 기본적으로 우주의 물질을 만들고 체계화할 수 있는 신이다. 우리가 속해 있는 이 질서 정연한 우주를 조각할 수 있는 창조신이었다. 그런데 이 대목에서 기가 막힌 지점이 있다. 우리가 바로 그런 일을 할 수 있다는 것이다. 비록 소규모로 한정되기는 하지만 우리의 기질 덕분에 자기 의지에 따라 이 우주를 만들어 갈 수 있다. 이 점이 대수롭지 않은 이유는 우리가 지닌 힘을 잊어버려서다. 말하자면 우리 모두가 어떤 의미에서 데미우르고스라는 사실을 잊은 것이다. 우리는 모두 (플라톤의 데미우르고스도 제약을 받는 자연의 법칙과 관련된 명백한 제약을 감안하면) 우리가 바라는 우주의 모습에서 작은 부분을 선택할 능력이 있는 창조신이다. [플라톤의 이야기에는 영원불변의 형상(이데아)의 영역을 구체화하려고 하면서 불완전하게 창조하는 데미우르고스와 관련된 많은 요소 가운데 완전히

다른 요소가 하나 있다. 자세한 내용은 칼 숀 오브라이언Carl Séan O'Brien의 『*The Demiurge in Ancient Thought*』(Cambridge University Press, 2015)를 참고하기 바란다.] 프랑스의 철학자 앙리 베르그송Henri Bergson은 저서 『도덕과 종교의 두 원천』(동서문화사, 2016)에서 우주를 이와 같은 선상에서 "신을 만드는 기계"라고 언급했다.

14 아르투어 쇼펜하우어의 『의지와 표상으로서의 세계』(을유문화사, 2019).

15 라디오 프로그램 〈This I Believe〉*에서 방송된 토마스 만의 에세이 「삶은 시간의 토양에서 자란다Life Grows in the Soil of Time」에서 따왔다. 사이트(https://thisibelieve.org/essay/16783/)에서 원래 방송을 들을 수 있다. 이 프로그램에 나오는 에세이들은 위대한 사상가들의 핵심 신념을 거의 트위터 메시지 분량으로 제공되었는데 이 책에는 일부만 인용되었다.

16 미셸 드 몽테뉴의 『에세』(민음사, 2022).

17 MDPIMultidisciplinary Digital Publishing Institute의 오픈 액세스 과학 저널에 실린 그레구아르 캉로브Grégoir Canlorbe의 「A Conversation with Michael A. Woodley of Menie, Yr.」(『*Psych 1*』, 2019)와 함께, 에드워드 더튼Edward Dutton과 우들리 오브 메니가 공저한 『*At Our Wit's End: Why We're Becoming Less Intelligent and What It Means*

• 1951년부터 1955년까지 저널리스트 에드워드 R. 머로Edward R. Murrow 가 진행한 5분짜리 CBS 라디오 프로그램

for the Future』(Imprint Academic, 2018)를 참고하기 바란다.

18 내가 이 사례에 관심을 갖도록 도와준 과학철학자 하랄트 아트만스파허Harald Atmanspacher에게 감사한다.

19 캉로브Canlorbe의 「A Conversation with Michael A. Woodley of Menie, Yr.」.

20 같은 글.

21 로저 스크루턴은 이런 붕괴 현상이 이미 진행 중이라고 주장하는 도발적인 책을 다수 썼는데, 『*Soul of the World*』(Princeton University Press, 2014)나 『*Modern Culture*』(Bloomsbury Publishing, 2006)를 참고하기 바란다.

22 나는 시간의 흐름의 어떤 측면이 우리가 관여하는 가능성 구조의 변화에 따라 이런 식으로 얼마든지 만들어질 수 있다고 실제로 믿는다.

23 『주역』의 60번째 괘 「절제」.

찾아보기

ㄱ

개성화 87, 99, 100, 102, 103, 105~107, 130, 140, 141, 148

그림자 102, 114, 122, 123, 130, 136, 139, 188, 194

ㄴ

나르키소스 신화 122, 136

네이글, 토머스Nagel, Thomas 54, 175

노인 15, 21, 85, 105, 112, 122, 123, 126, 128, 137, 165, 190, 197

닌, 아나이스Nïn, Anaïs 121, 189

ㄷ

데미우르고스 118, 198

돈 후안 119~121

드 그레이, 오브리de Grey, Aubrey 41, 172, 192

ㄹ

랑크, 오토Rank, Otto 121, 122, 189

로크, 존Locke, John 38, 171
루크레티우스Lucretius 22, 31, 52, 168, 170
리드, 토머스Reid, Thomas 38, 39, 171

ㅁ
마닐리우스, 마르쿠스Manilius, Marcus 169
마시멜로 실험 78
마크로풀로스 사건 35~37, 170, 173
만, 토마스Mann, Thomas 155, 199
멜빌, 허먼Melville, Herman 33, 170
몽테뉴, 미셸 드Montaigne, Michel de 156, 199

ㅂ
바이오 해킹 41, 129
본래성 90, 119, 132
봄, 데이비드Bohm, David 75, 179
부조리 54, 116, 117, 120, 177

ㅅ
사르트르, 장 폴Sartre, Jean Paul 55, 89, 98, 100, 138, 175, 177, 181, 185
샤프, 대릴Sharp, Daryl 133, 134, 167, 192
세네카, 루키우스 안나에우스Seneca, Lucius Annaeus 14, 15, 19~25, 27, 28, 36,
    41, 62, 67~69, 80, 83~85, 104, 107, 110, 126, 130, 148, 156, 164, 167~170,
    177, 178, 180, 183, 187, 197
셰플러, 새뮤얼Scheffler, Samuel 47~49, 51, 52, 57, 61, 73, 174
소년 15, 42, 70, 85, 105, 112~117, 120, 122~128, 132~134, 137, 140, 142,
    165, 171, 188, 191, 197
쇼펜하우어, 아르투어Schopenhauer, Arthur 104, 154, 187, 199
스크루턴, 로저Scruton, Roger 185, 200

시시포스 115

실존주의 55, 89, 120, 170, 175, 181

ㅇ

아런데일, 진Arundale, Jean 191

아스프리, 데이브Asprey, Dave 129, 131, 191, 192, 195

아크라시아 69, 178

앨런, 우디Allen, Woody 51, 109, 175, 187

야코비, 욜란데Jacobi, Jolande 83, 129, 130, 141, 146, 180, 191, 195, 196

에머슨, 랠프 월도Emerson, Ralph Waldo 192

에우다이모니아 67, 168

에피쿠로스Epicurus 29, 30, 32, 170

와인버그, 스티븐Weinberg, Steven 149~152, 197

우들리 오브 메니, 마이클Woodley of Menie, Michael 159, 199

우로보로스 164, 197

우엘베크, 미셸Houellebecq, Michel 31, 170, 188

윌리엄스, 버나드Williams, Bernard 37, 171, 173

융, 카를 구스타프Jung, Carl Gustav 83, 85, 87, 100~104, 109, 111~116, 121~127,
    129, 132, 137~139, 146, 153, 156, 159, 185, 187, 188, 190, 194~197

이상 형태증 132, 135, 191

ㅈ

자기기만 98, 100

제임스, 윌리엄James, William 26, 53, 96, 169, 175, 185

주역 11, 12, 116, 164, 165, 167, 200

죽음 불안 29, 35, 36, 170

중년의 위기 12, 83, 86

지연된 만족 133

짐바르도, 필립Zimbardo, Philip 182

ㅋ

카뮈, 알베르Camus, Albert 54, 115, 116, 119~121, 175, 188, 189

카일리, 댄Kiley, Dan 190

캘훈, 존 범패스Calhoun, John Bumpass 160

ㅌ

테이시, 데이비드 존Tacey, David John 124~126, 190

ㅍ

파르지팔 197

파핏, 데릭Parfit, Derek 69~74, 77, 87, 93~95, 107, 179

펜로즈, 로저Penrose, Roger 45, 48, 57~60, 151, 152, 173, 176

포모 35

포스터 월리스, 데이비드Foster Wallace, David 147, 196

폰 프란츠, 마리 루이제von Franz, Marie Louise 109, 111, 112, 114, 123~126, 142,
    187, 188, 195

프루스트, 마르셀Proust, Marcel 118, 189

플라톤Platon 40, 118, 136, 157, 172, 198

피터 팬 127, 190, 191

ㅎ

하이데거, 마르틴Heidegger, Martin 61, 176, 177

허시필드, 할Herschfield, Hal 71, 178~180

헤겔, 게오르크Hegel, Georg 25, 169

홀리스, 제임스Hollis, James 194

휠러, 존Wheeler, John 152, 197

힐먼, 제임스Hillman, James 124~126, 190